大展好書 好書大展

實用心理學講座

1

拆穿欺騙伎倆

多湖輝／著
李玉瓊／譯

大展出版社有限公司

大展好書 好書大展

序　文

只要翻閱古今中外的歷史即可發現「欺騙」的起源幾乎是和文明同步發展。以「特洛伊的木馬」而聞名的古希臘就曾經將內藏有士兵的木馬當做贈禮送進特洛伊城內，以滲透的戰法殲滅了繁華一時的特洛伊城。

反觀今日在諸如媒體界聲名大噪的著名紳士竟然是手段高明的詐欺犯；或辛苦籌措的資金卻被最信賴的部屬捲款潛逃……這等事件已如家常便飯習以為常了。

但是，令人傷腦筋的是被矇騙著不會上一次當就學了乖，經常接二連三地被花言巧語所矇騙。自古以來報紙的社會版上常見商家被客户矇騙、老闆被掌握使詐或生意人被騙得傾家蕩產等事件。由此可見，人即使被矇騙，在別人的謊話中吃盡苦頭仍然無法脫離上當的迷津。

法國的哲學家巴斯卡爾曾說：

「人只不過是偽裝和虛偽的存在。」

不知何人曾說：「人是思考的蘆葦。」若以「欺騙」的觀點來重新解釋他這句名言，我們也許可以說「人是欺騙人的蘆葦」吧。或者我們也可以說人是為了自己本身的利益或安全而一再地思索如何去欺騙人。

人為何一再被騙而不學乖呢？原因之一是人並不知道人本來就是欺騙他人的存在。如果以為大家都是好人，只是運氣不好才被騙，當然會一再落入他人巧言令色的圈套中。另一個原因是欺騙者會使出渾身解數設下陷阱引人入甕。世界上絕對沒有揚言「我要欺騙你」的人。

想要欺騙你的對方，事實上都是以甜言蜜語來接近你。譬如：

「我給您帶來了一個天底下最好的情報。」

「我是站在你這一邊的。」

等拉攏人心的美言。而當對方竭盡所能地利用巧言、麗句、騙人把戲意圖欺騙時，被騙者的心理上會認為自己與衆不同，絕不會被騙上當，或自己乃是受過高等教育者，不可能輕易受騙等。但是，一旦發覺落入對方的圈套時已為時晚矣。

為了避免日後被人數落：「要被騙幾次才甘心啊！」我們也應該發揮個人的聰明才智設下「防衛線」。這時最重要的是要明白欺騙者的手法。只要事先瞭解欺騙者的慣用伎倆和被騙者的心理結構，就不會被居心不良者牽著鼻子走而遭受損害了。

日本作家太宰治曾說：「欺騙者比被騙者更痛苦十倍。」其實被騙者也有五倍的痛苦。為了避免被騙後的苦惱、懊悔，自己應該小心設防以洞穿對方的伎倆。

也許在您閱讀本文的當中，某人正暗中地設計要欺騙你。如果讀者各位因為閱讀本書而能逃過被欺騙而懊悔不已的一劫，乃是筆者最大的榮幸。

多湖　輝

目錄

第一章　「一寸」謊言中也有「五分」真實

——以一分的誠實掩蔽九分謊言的伎倆

1 刻意暴露自己的缺點以佯裝「誠實」

當對方一再地強調自己缺乏數字概念、魯莽草率等缺點時，乃是具有使人鬆弛防線而落入其圈套的企圖。

我曾聽一位擔任雜誌記者的朋友提及，他前往某政界大人物的府邸採訪醜聞的真相時所發生的事情。那位政治家攔住正想掀開鍋蓋一探究竟的記者說：

「時間多的是，我們慢慢談吧！」

隨即把它安撫在座位上。記者面對這個態度，已銳氣大減。不久，咖啡端上桌來。就在這個時候發生了一個小意外。那位政治家似乎不耐熱飲，喝下一口咖啡的刹那，旋即慘叫著：「好燙！」順勢把茶杯翻倒了。當收拾杯盤狼藉的桌面告一段落之後，在談話中他又把香煙倒頭叼在嘴邊，用打火機在濾嘴上點火。待記者提醒他香煙叼反了時，他又慌張地把煙灰缸給弄翻了。

記者目睹這位在政治界可呼風喚雨的大人物的醜態，覺得與自己印象中的他判若兩人。據說不知不覺中內心的挑釁感已漸漸消除，甚至感到一股親切。

但是，我卻認為這無非是那位政界大人物欺騙人的伎倆罷了。當人看見地位崇高、威嚴無比的大人物在自己眼前出現醜態或弱點時，原本震懾於對方的緊張感會漸漸地紓緩，從而接納對方。如果能反用這種心理傾向而刻意地表現自己的醜態，即可讓對方鬆懈心防甚至拉攏為自己的戰友。

我有一位在一流企業擔任高級主管的朋友。當他昇任總經理時，在就任的致詞上向部屬宣稱：「我一向搞不清楚數字這種玩意兒。所以，今後要借重各位的力量喔！」這句話使得因精明幹練的總經理的新官上任，而感到戰戰兢兢的部屬們覺得大大地鬆了一口氣。

但是，每當有部屬提出文件時這位總經理都會適切地指摘其數字上的錯誤。他的指摘非但細膩又直中要害。

類似情況出現三兩次之後，在公司內即傳聞這位總經理雖然曾謙稱自己對數字毫無所知，其實相當老練，據說在短時間內部屬們對他的信賴感與日俱增。

由此可見，刻意地暴露自己的缺點、弱點可以發揮消除他人的警戒心或緊張感，把他人拉攏為自己夥伴的效果。尤其是當事者的頭銜、階級越顯赫時這種威力更大。

2 佯裝「可憐的被害者」以爭取巨額的贈款

當對方訴諸於同情時，是企圖以感情使人接納無法據理力爭的事實。

一九八七年南韓飛機被北韓的間諜爆破時，行兇的女間諜金賢姬受到世界各國人士的譴責。在韓國由於顧及激怒的民衆對金賢姬有所不測，因此，對於防衛她的生命安全做了嚴密的保護。

本來我在日本從電視報導中看這則消息時，也認為金賢姬簡直不是人，但是，從某天開始我的觀感卻起了極大的轉變。因為，我從電視上看到她對自己的間諜工作的告白。她臉上帶著淚水娓娓地道出自己的罪行，從她的模樣不知不覺地萌生同情的念頭的，大概不止我一個吧。就連被害者的母國，韓國人也有人自告奮勇地說要娶金賢姬為妻，祈使其重新做人。

兇手金賢姬在這段告白之後漸漸地被大衆以「被害者」的姿態看待。當然，她自己本身並無意策劃這個場面以博得同情，不過，這個例子可以說是一般人看到可憐的狀況會改變對該人評價的典型例子。

不僅是韓國人，生長在有情世界的人似乎也是感情優先於一切的理論或倫理。尤其是難以抵擋哭泣或哀求等感情的動搖。對對方哭泣時忍不住也跟著落淚，如果對方跪地懇求會忍不住被人挑起的同情，甚至因而主動地伸出援手。

腦中控制感情的是視床下部，它具有接近於本能的機能。這也是感情之所以被稱為是人類原始性行動的指南針的緣故。所謂原始性行動可以下面的狀況來解釋。

譬如，碰見同伴橫死的場面時會想要從現場逃開。並非因為同伴死亡表示該地是危險的場所，而只是覺得不愉快的感情使然。雖然因不快感而逃開結果多半能明哲保身，不過，我們是否可以根據這種原始性的層次來判斷事物呢？也許怕人落淚、易動感情的人尚無法完全脫離原始性吧。

前幾天報紙上刊載一則這樣的投稿。

「某天來了一個遠從茨城縣而來的行商老太婆。她說因為出外掙錢的丈夫收入少，自己也出外行商貼補家計。說著伸出粗活而長滿繭的指頭上的裂痕讓我看，一再地央求買一盆盆栽。禁不住對方的百般央求終於買了一盆七福紅葉。但是，隔天到附近的花店一看，同樣的盆栽只賣其五分之一的價錢。」

類似這樣的受騙經驗不勝枚舉，這也表示哀求會使人的心理變得不合理。

3「擅長道歉」其實是「擅長欺騙」

當對方對小的過失誇大地表示謝罪時，多半是為了掩飾更重大的過失以避免洩底。

據說故松下幸之助平日對顧客寄來的信函中，最重視申訴苦情的信件。在其『經營心理帖』的著作中對於「活用苦情」的方法做如下的敍述。

「我接到某大學的老師寫來一封指稱其學校所購買的敝公司的製品發生故障的信函。因此，我立即指派負責其事的最高責任者前去處理。對方似乎對於製品的故障大為不滿，但是，敝公司的負責人誠心誠意地詳細說明並做了適當的處置之後，不但消除了對方的憤怒，也博得他的歡喜。非但如此，對敝公司的作風反而產生好感，甚至教導我們也到其他學系促銷敝公司的製品。若能以誠意處理顧客的苦情申訴，等於是開拓了另一條生意線。」

任何人都會出現過失。然而根據處理過失的方法會有正負不同的反應。像松下先生的處理方式會使顧客對公司產生良好印象，相反地處理不當則會造成負面的影響。

人對於犯下過失者都帶有「謝罪的期待水準」，認為某種程度的過失應該有某種程度的謝罪。但是，如果對方的謝罪超過期待水準時，反而多半會感到內疚而覺得不必如此。同時，原本對於犯下過失的對方所抱持的憤怒或不信感也會漸漸消失，反而把對方當成是極為誠實的人。

這也許是因為對方出乎意外地極力謝罪時，反而使人對對方所抱持的負面感情變成心理上的負擔吧。為了消除這種負擔，則以認定對方是好人以取得無意識中的心理平衡。相對地，當對方的謝罪低於自己的期待水準時，心理所追求的平衡反而會產生作用，結果擴大對對方的憤怒或不信感。

這也是對於同樣的犯罪者，人們總會寬恕對自己的過失深感懊悔的罪犯，而難以饒恕對自己的所做所為毫無悔意的罪犯的緣故。

有些人會反用這種人的心理，雖然毫無誠意卻使出令人以為自己是最有誠意者的伎倆。譬如，在公司裡犯下一點的過失卻提出辭呈。事實上，當事者並非真的要辭職，而且，公司方面一般也不會接納這樣的辭呈。這乃是算計好公司方面會表示慰留而刻意做的謝罪。這種人多半刻意表現因人的婉留而勉強留任的態度，使旁人對他寄予過高的評價，認為他是極負責任感的人。

4 受他人懇求而自鳴得意時必須特別小心

對方有事前來商量時多半並非為了取得商量的答案，而是覬覦籠絡人以貫徹其主張。

「我想找你商量一下……」會有人碰到他人前來討教而感到不快嗎？除非是個相當乖僻的人，否則一般人在優越感的刺激下並不會感到不快。而且，如果對方是前輩或上司，會覺得彷彿顚倒平日的上下立場，感到驕傲無比。當然，即使是平輩或階級、身份比自己低的人，只要對方的態度越謙恭，越能使自己處於心理上的優越地位，因此，會感到有如搔到癢處般的優越感。

但是，有時這當中乃潛伏著極大的陷阱。譬如，假設你的同事有事找你商量。你不加思索地回答其問題，對方也覺得頗為滿意而表示感謝。但是，如果他聽從你的意見而採取行動，卻發生了無法挽回的過失時，該怎麼辦？

如果這個過失可以用一句「我不知道事情會鬧得這麼大」了事，那麼你可真是個超級樂天主義者。當對方堅持說根據你的忠告而執行任務時，過失的大半責任應該會落在你的頭上。碰到別人有事前來商量而自鳴得意時，往往潛伏著被扯後腿的危機。

當向上司提意見時，若刻意應用這種心理技巧可以獲得相當大的心理優勢。小職員要提議重大事項時不妨先請教上司、找上司商量。譬如，在表達自己的意見如此吹捧地說：「有關下期的營業方針我有一個構想，不過，該怎麼在會議上提出，煩請您指導。」這時上司的自尊心受到煽動，多半會坦率地傾聽你的意見。如果上司從中提出意見或指示，等於是蓋上了連帶保證人的印章一樣。從此之後幾乎可以判斷這位上司對該提案不會有反對的意見。

這個原理也經常運用在「搓圓仔」的事前工作上。在重要的會議上為了促成多數派執行工作，有些人會極其莊重地向出席者表示接受指導，坦率地向對方說出自己想要通過的提案，佯裝接受其指導與建議乃是做為事前籠絡出席的手段。

當聽到別人虛心地說「接受您的指導」時，一般人都會產生優越感。而且多半會針對其提案說出個人的意見。只要陳述了意見等於是參與該工作。而且，也要分擔同調者的部份責任。

5 佯稱「債台高築」而掩飾負債累累的高等戰術

當對方公然宣稱對自己本身不利的事情時，必須存疑這乃是隱藏著想要令他人信賴相反情況的企圖。

當深夜帶著一點醉意回到家，太太接起您脫下的西裝並看了白襯衫的領口後慘叫一聲：「怎麼有口紅印！」這時你是如何回答呢？如果態度慌張而吱唔其詞時，等於是向太太招供在外拈花惹草了。縱然一副不知情的樣子辯稱是在電車上沾到的，至少也要花上一個鐘頭拼命地為太太的百般追究而搪塞吧。

正確的做法應該是故弄玄虛地說：「我去逢場做戲了啊！因為我有女人緣啊！」當丈夫如上坦率地宣稱自己的惡行時，絕對沒有做太太的會全盤聽信。相反地會深信自己的丈夫絕不會有風流韻事的發生——這是我一位惡友告訴我的事情，他似乎實踐這個方法並且達到效果。

以人的心理而言這乃是理所當然的反應。因為，一般人都認定自己不會說出對自己不利的事情，因此，一旦聽到他人坦承自己不利的事情時，「存疑的心理」反而會從中作祟。所以，當丈夫大聲嚷嚷地說：「我去摘野花了呀！」做太太的都認為這種事不可能發生，甚至為丈夫找理由，把口紅印當成是在電車裡不小心沾上的而深信不疑。

一般人當對方公然宣稱對自己不利的事情時，都會想像其相反的情況。假設蓋一棟數億元豪華宅邸的人對他人說：

「這棟房子全部都是舉債蓋成的。所以現在每天只能吃泡菜飯。」

以現在的世局而言，除非有龐大的遺產否則不可能毫無借貸即蓋一棟價值數億元的豪華宅邸。但是，如果當事者如此清楚地明言時，會令人覺得不可能全部都是借款而來，反而認定對方是積蓄龐大的資產家。人們不會相信「每天吃泡菜飯」的事實。

「欺騙技巧」中也有應用這種心理的例子。一個騙子想從鎮定的目標上騙取大筆金錢。但是，這個騙子搭乘賓士轎車前往對方的住處，向想從中撈一筆的對方說：「我的債台高築已到了捉襟見肘的地步。連賓士車的汽油費也付不出來。因此……」如此這般向對方借錢。對方認為若真有借款也應該有所隱瞞，也不可能搭乘豪華的賓士汽車，結果糊里糊塗地被騙走了大筆錢財。

愛慕虛榮的行為很容易露出破綻，被人摘下虛偽的外裝，但是，相反的情況卻不容易被識破。

6 坦誠接納他人對自己的責難以杜絕更大的指責

當對方立即認同他人對自己的不信感時，無非是想要杜絕更大的疑惑。

主婦們對於闖上門來推銷粗劣品的推銷員仍然不改以往的警戒心。但是，卻依然有許多主婦在這些推銷員的花言巧語之下購買了粗劣的商品，當我百思不解其中的緣由時，碰巧有個機會從上了推銷員預設圈套的當的主婦口中，獲知其中的原委。

據該主婦所言，這些推銷員絕對不會強調自己的商品是完美無缺。因為，如果主張自己公司的商品無懈可擊，一旦被顧客深入追究時，必須能回答得令顧客心服口服。如果吱吱唔唔地說明，反而會使顧客生疑而提高警戒心。販賣粗劣商品的推銷員根本不會自尋麻煩。當顧客露出懷疑的眼神，提出疑問時，絕不正面作答而這麼說：

「太太，您的懷疑是理所當然的，您就當做上了一次當，暫且使用看看吧！」

據說那位主婦聽他這麼一說，真的買了他所推銷的粗劣品。也許有些人認為怎麼可能被這麼幼稚的伎倆所騙，然而這種推銷法的確符合欺騙的心理術。

首先，一般人聽對方這麼說時會覺得自己的疑惑獲得認同而感到放心。而且，因為獲得認同而錯覺疑惑已經消除。

其實承認疑惑和具有疑惑根本是兩回事。而令人傷腦筋的是有些人甚至會認定既然對方已經承認自己的疑惑，不可能再欺騙自己吧。這個心理空隙正是惡質推銷員所覬覦之處。

若利用這種事先表白的技巧，即使是可能令對方覺得不信或想置之不理的情況，有時反而會因此被好意的接納。

有一次，我曾出席某個座談會，一位婦人向在場的著名評論家事先表白說：「雖然這也許不是我們外行人可以說的事……」隨後再開始發表自己的意見。我本來對於她的陳述帶著半信半疑的態度，仔細一聽的確是相當有益的內容。外行人想要發言時，專家雖然不明言卻往往在內心裡覺得：「外行人懂些什麼！」

但是，這位婦人利用事先表示專家們的不信感乃是「理所當然」，而順勢地把我們帶進她的理論中。

7 以親密話誘導他人的親近意識使其信任

當對方刻意說出自己的隱私時，是想讓對方感到親切以避免反駁。

所謂選舉其實可以說是完全決定於候選人如何巧妙地欺騙選民們的問題上。也許這種說詞會招來非議，不過，在選舉時任何助選團都想盡辦法塑造候選人的完美形象，期使選民們的支持擁護。運用各種絕招以加強候選人印象的技術，幾乎已成為選舉中的常識。

在美國有一位心理學家曾做過一項探討，種候選人對選民較具吸引力的實驗。

那位心理學家在紐約市的廣播節目中介紹三位候選人之後，要求聽衆向其中一人投票。這三位候選人中一名是身具政治家的專門資質、學歷的人，並且詳細地說明他足以擔任一位政治家的緣由。第二位則介紹其以往的政治經驗及其實績。至於第三位則只提到他是個「孝子」（凡事為孩子著想、煩惱的父親）、叼根煙斗、每天早上牽著愛犬散步等，只針對他的私生活做說明。

投票的結果由第三號的候選人獲得壓倒性的勝利。雖然聽衆對於他做為政治家的能力一無所知。這位候選人毫無疑問地讓選民感到最為親近而高票當選吧。

從這個實驗證明了人投票時的判斷基準，並非候選人的政策，而是對候選人是否感到親切為優先。同時，這項心理實驗也告訴我們，若要令他人感到親切感，不妨稍微透露自己的隱私的技巧。

日本參議員石原愼太郎首次出馬參加參議院選舉時，因他屬於白領階級，外表冷酷而在選民中，尤其是女性投票者間遭遇極大的反彈。因此，其助選智囊團想出來的是強烈地標榜他乃是個「四個兒子的父親」的戰術。這個戰術一舉成功，選民們的反彈竟然轉為對石原先生的親近感與好感。

英國王室也是利用透露一點隱私以博得國民的親切感。據說英國王室受到國民們的愛戴程度是任何影劇明星也無法比擬，這也都是公開王室私生活的緣故吧。

相反地，若想使自己顯得神秘而不可捉摸，則應一概避口不談自己的私生活。在二次大戰前日本的女明星當中就有人也完全的掩飾自己的私生活，而成為影迷崇拜的偶像。但是，現代的社會即使想要維護自己的隱私，大概也不容好事的記者們允許吧。

8 包裹在誠實的糖衣下的謊言

刻意透露對自己不利的情報，可能是有意強調自己的誠實而隱瞞更大的謊言。

從某個觀點來看，以三寸不爛之舌騙人錢財的詐欺師，可以說是人類心理學的大師。因為，他們非常懂得人類心理的弱點、盲點，會趁虛而入地從中歛財。

譬如，他們絕不會滔滔不絕地說出令人動聽的話以欺騙人。任何人聽到過於完美的事情反而會產生警戒心。清楚地瞭解人心奧妙之處的詐欺師，經常使用的技巧之一是在談話中摻雜一些對自己不利的情報。

從前，日本某醫師為了讓兒子以不正常管道入學，而中了詐欺師的圈套。當時那位詐欺師為了使醫師信賴自己而使出了各種花招，不過，最後因為他說：

「依我的能力A大學恐怕無望，如果是B大學則絕對沒問題。」

就因為這句話使被害者的醫師完全地信賴他。

這個詐欺事件的伎倆是刻意暴露自己的弱點，也就是明白地表示「A大學恐怕無望」。

一般人總會隱瞞對自己不利的情報。正因為人具有這樣的心理傾向，反而會對於膽敢暴露不利情報的人帶有極為誠實可信的印象，結果對於該人所透露的情報深信不疑。

上面所舉的以不正當管道入學而被欺瞞的例子，乃是帶有惡意騙人的例子，而與此類似的伎倆在我們周遭隨處可見。我曾聽某報社記者說在寫人物評論時不要一味地吹捧對方，要領是在文中摻雜一些帶有刺激作用的語詞。

譬如，從頭到尾用「潔癖」「溫厚」等讚賞的語詞來描述時會使整篇報導的真實性受到懷疑。但是，如果其中摻雜著「回到家裡是個懶散的丈夫，興趣是躺在電視機前看電視」之類帶有缺點的情報，反而會凸顯這位人物的人性，產生令讀者信服的說服力。

這個技巧也適用於讚美人的情況。讚美人時最差勁的作法是說些露骨的奉承話，令對方覺得「言不由衷」。如果在選美中刻意地添加一些並不構成缺點的批評，就可以使奉承話不再是奉承諾，而且能大大地刺激對方的優越感。

請注意這種伎倆

如果認定對方是「坦率聽從忠告的人」事後會被轉嫁責任。

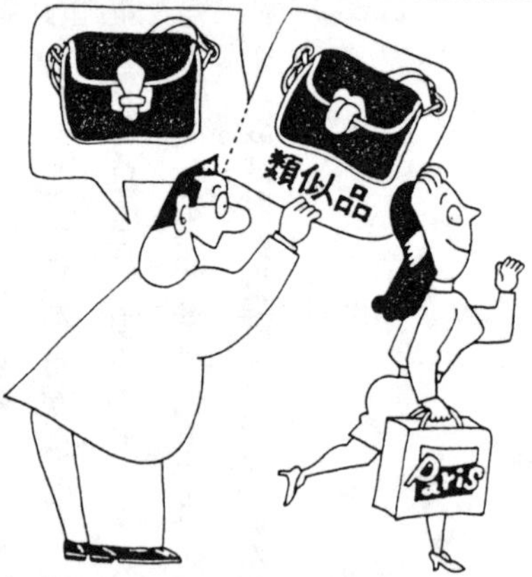

如果相信「請注意類似品」的表示，就會糊里糊塗地買下類似品。

認為「是可以信用的人」時

如果認為對方是嚴守紀律能償還金錢的人，
極有可能借給對方高額巨款而受騙上當。

對於對方細微的體貼感到高興而認為「是真的關心我
的人」時，就會碰上婚姻騙子。

9 說出一分的「真實」使九分的謊言彷彿是真實

對方藉由傳達一個正確的情報，企圖讓他人認定自己所說的話完全屬實。

報紙上幾乎每天都有受騙上當的報導。其中以婚姻詐騙為代表，而這些案件中也有不少令人懷疑何以會落入如此簡單伎倆中的例子。

依我所見，世間一般的詐欺師有其共通的特點。那就是他們在欺騙人時絕對不會全部說謊，而在其花言巧語中附帶一個真正的事實。

他們的作法是即使所談的話中有百分之九十是謊言，卻只談其中百分之十的真實，而且以該百分之十的真實為核心向對方遊說。

「你看我長得雖然個子小膽子卻大，我就是壯著膽子而成功的。譬如，去年的黃金行情……。」

個子小是當場就明白的事實。詐欺師首先提示這個事實以確立整個談話的可信性。如果顧客中了這個圈套時不知不覺中就會信任他，隨後所談論的在黃金行情上大賺利市的謊言，結果將多年的積蓄投資在對方所設的圈套中。稱得上是詐欺名人者可以說是最懂得如何把百分之十的眞實添加在整個談話中的人物。

如果分析人類的思考習慣即可明白一般人的思考模式是不論是否有意或無心，往往會以部份情報為一個核心來想像整體內容的印象。換言之，是以樣本為基礎進行推理、推測母集團的作業。尤其是想像力越豐富的人這種思考型態的傾向越強。

亦即，根據部份的事實很容易認定整體都是真實。

學校老師等學歷豐富的人，出人意外地容易落入如此單純的詐欺伎倆上，也許是因為他們是很容易採取這種思考模型的人吧。

醫生也是能巧妙地利用從部份推測整體的思考模式的人。譬如，如果明白地告訴癌症患者的病名，可能會使患者因打擊過大而喪失生存的勇氣。但是，「沒什麼大不了的事」這句話非但無法使患者安心而容易造成不安。

因此，煞有其事的告訴患者說：「你可能患有肝硬病，不過，我會盡全力為你治療。」

利用告知患者彷彿真有其事的病名，使其信任自己的謊言，藉此使患者產生與疾病對抗的鬥志。

10 「我錯了」的反面意思是「你錯了」

當對方坦率地認同自己的過失時，乃是具有令他人也認同自己的過失，使態度軟化的意圖。

據說向女朋友提出分手的要求，比用花言巧語地追求時更為困難。以花花公子之名而名聲大噪的某著名攝影師，曾在某雜誌上大肆發表如何與女友分手的技巧。

據說以他的情況而言幾乎不會自己主動地提出分手的要求，而是刻意地製造使對方討厭自己或對自己死心的狀況。為此有時必須佯裝一副邋遢或沒出息的男人的樣子。至於在使出各種手段後也不願分手的女性，只好主動提出分手的要求，絕對不會責備對方，事實上他運用了一個絕妙的心理技巧，讓對方不覺得受到責難。

換言之，他會先自我表白「是我不對」，把自己當成惡者。

事實上他的不是已昭然若揭，然而當男性自己承認自己的過失時，女性會因而態度軟化。除非是個性頑固的人，否則也會承認自己也有小的過失，而接納對方提出分手的要求。即使男性承認自己的過失也不會改變分手的事實，但是，這卻使女性產生分手的原因也在於自己的錯覺，成為使其信服而坦然分手的根據。

如果上司責備部屬時也使用類似的手法，雙方之間就不會留下感情的疙瘩。譬如，在接待顧客的宴席上部屬醉得厲害，竟然與對方打起架來。隔天早上那位部屬前來上班，這時在他的心理自然覺悟到必定會因昨晚的胡鬧被上司嚴厲痛責。

當然，上司也許會叫部屬到自己的桌前，如果這時上司敲著桌面大聲咆哮地說：「你要負起責任！給我提一份申誡書來！」這時情況會如何？即時部屬完全地承認過失全在自己，也一定會有反感。

人即使承認百分之百的錯誤在自己身上，當因此受他人嚴厲的責難時，反而會造成不願承認自己過失的心理。

所以，以上司的立場而言碰到這樣的狀況只一味地咆哮怒吼絕非良策。最具效果的作法是在談論此事時彷彿自己也有過失地說：

「有關昨天晚上的事，身為上司的我深感自己也有責任。」

光是這一句話就夠了。部屬聽上司這麼說時，會坦率地承認自己的過失並表示：

「不，課長您毫無責任，全是我的錯。我現在立即到對方那裡謝罪。」

這類「感情」方面的說服比嚴厲斥責更具效果。

11 光是改變外表也能使贗品變成真貨

當對方以服裝、髮型與他人取得同調時，很容易使他人錯覺雙方已超越立場的不同，甚至在感覺或思考觀念上也達成一致。

日本在週休二日制普及之前，某公司一到星期六就有許多年輕的職員不打領帶上班。可能是因為星期六半天班，打算下班後立即去玩樂而便裝上班。當然，喜好刻板打扮的中年管理階層者對這種自由的裝扮並不表好感。

但是，在該公司擔任經理的我的朋友，據說某個星期六突然脫掉整齊的西裝，打扮成令年輕職員也略感遜色的模樣前去上班。從當天之後，據說這位平日以穩健著稱而受人敬而遠之的經理，身邊常有年輕職員跟前跟後地洽談事宜。

據當事人所言，他平日和年輕職員的關係形同水火，在意見的溝通上也難以取得共識。因此，他決意迎合年輕人的裝扮而在某個禮拜六改變自己的形象。這個作法確實讓年輕職員對經理產生一種同伴意識，慢慢地敞開他們的心胸而接納經理。

眾所周知地服裝乃是一種自我表現。日本議員石原慎太郎先生首次在政界出馬時，就是穿著白色的運動型西裝，戴著白手套，刻意地向選民標榜清潔、清新、年輕的形象。另外，帶有強硬派形象的雷根前總統一到休假日必須身著舒適的服裝在牧場裡釘木楔，刻意地藉由媒體界的報導向全國人民強調自己與國民合為一體的人際性。而希特勒或日本作家三島由紀夫也是為了凸顯其威嚴，經常在大衆面前以嚴肅的軍服裝扮出現。

從這些例子看來，人會從他人的服裝去掌握其所具有的各種形象。因為，服裝具有將自我的核心表現在外的「延長自我」的機能。

本來裝扮乃是為了博得他人最佳的印象而粉飾成的模樣。因此，它可以說極為誠實地表達了當事者的個性。因此，如果刻意穿戴與對方同樣的服裝，結果等於是傳達了與對方的感覺或想法類似的情報。同時也暗示著對對方抱有相當的好感。

若能巧妙地利用服裝對人所造成的心理影響，即可利用和對方同樣的裝扮以佯裝雙方的步調一致。

每到鳳凰花開驪歌響起，一群學子們紛紛從校園踏進社會的時期，不論是搞學生運動者或演劇青年，紛紛改成上班族模樣的打扮，為的是到公司謀得一職。其實，這也是利用服裝以強調對上班族社會的順應性的一種「欺騙的伎倆」吧。

12 以「同是一家人」「同吃一鍋飯」為詞從中謀利

當對方在談話中頻繁地強調是同鄉出生、同族的門弟時，都半是想利用雙方的親密關係以達到自己的要求。

不論是男女之間或同性之間，雙方共有同樣的體驗或秘密，可以加強彼此的連帶關係，使親密度更為強固。

前幾天我受邀參加某朋友千金的婚禮，從新娘同事的致詞中獲知新娘是公司裡極得人緣的公司之花。當我聽到這位衆所追求的新娘何以和新郎變成令人欣羡的一對的經過之後，不禁有緣必有故之感。

原來新娘和新郎某次前去兜風時，發生了一件小車禍。幸好雙方只是受了一點輕傷，後來彼此因為掛念對方的身體狀況幾乎每天約會，在多次交往之後終於等到令衆人祝福的日子。這乃是「車禍」這種難以對外公開的共同體驗，彷彿催化劑一樣加速地拉近雙方的距離，像這類帶有「共患者」的意識，常會改變對多數男性中的某特定男性或多數女性中的某特定女性的彼此認識。

這對新婚佳偶的故事乃是在偶然的情況下雙方擁有一個秘密的共同經驗的例子，其實如果刻意地觸犯一點小禁忌或誘導某種違規行為，也可能使對方落入自己的掌握中。

譬如，在公司裡可以暗中將女同事的過失銷毀證據，以避免被上司發覺。在學校碰到考試的時候悄悄地給對方紙條做弊。利用誘導對方參與這類行為，即可製作雙方之間不可向他人公開的共同體驗。

當然，這類共同體驗並不需要帶有犯罪的行為。最重要的乃在於共同體驗的秘密性越高、越特殊，越能加強雙方的親密度。

有句俗話說「同吃一鍋飯——」共同體驗越特別時，當事者越具有強烈的同伴意識。在日本對於生長在某個時期的人而言，「戰友」這句話具有他人無法想像的特殊涵意。從前就曾經出現詐欺師利用初次見面者自稱「戰友」的伎倆而中謀財的例子。日本那一個年代的人只要表白自己是「同屬於○○部隊的人」，就足以令初次見面的對方完全信服，可見這句話具有相當的魔力。

由此可見，彼此雙方若具有共有的經驗時，很容易使人敞開心胸而接納對方。若能利用這種心理傾向極有可能把陌生人拉攏為自己的夥伴。

13 利用辛苦人等於好人的印象消除對方的警戒心

當對方想要消除他人對自己的成功的嫉妒或反駁時，多半會擺出極低的姿態與人接觸。

日本歌手北島三郎和前職業棒球選手江川卓幾乎在同一個時期搭建豪華宅邸，但是，奇怪的是日本一般民衆對這件事的反應大不相同。一般民衆對北島歌手的反應是「難得能蓋這麼豪華的房子！眞了不起！」而對江川選手則感到不滿，認爲：「那傢伙竟然蓋那麼豪華的房子！」日本民衆之所以有如此不同的反應，也許是因為北島三郎是從一介四處賣唱為生的藝人幾番辛苦努力之後才成為當今日本演藝界的大歌手，這個經歷讓全日本國民感到親切，而前職棒選手江川卓卻沒有經過這番苦勞的緣故吧。

現在，即使是過著一般庶民無法相提並論的富裕生活的歌手，站在舞台上一定會淌著熱淚談起自己當年的辛苦歷程。因為，他們得知這足以掌握歌迷們的心。而政治家喜歡向民衆談及自己貧困的往事也是為了想要抓住選民的心。

一般人即使對方目前的地位遠於自己，只要發現過去和自己是同等之列或遠不如自己時，會將原有的嫉妒或反駁轉變為一種親近感。

相反地，一般人對於天生家世顯赫或出身好的人，只帶有隔離感卻不感到嫉妒。但是，一旦程度比自己稍高或相等的人因為福星高照而功成名就時，反而會感到排斥，認為世界並不公平，何以這樣的人也會出人頭地。而如果是階級、程度比自己低下的人在經過一番辛苦奮鬥之後出人頭地時，心態上反而會想要給予喝采。人的情緒反應是相當任性的，這時候本來所具有的一點優越感會轉變為親近感。

歌手或明星在開始出片或首次與大衆接觸時，常喜歡利用這種大衆心理為自己促銷。雖然成為巨星的要素有許多，不過，據說若要廣得人緣必須有諸如父親過世、從孩提時代歷盡千辛萬苦或四處賣唱以供養抱病的父母等不幸體驗，這乃是演藝界的不成文法規了。

換言之，如果在心態上缺乏與大衆情緒共通的事物則無法獲得共鳴。據說為此常有經紀人（或公司）故意將歌手塑造成原本是在四處賣藝的不幸少女，或在青年期輾轉各個行業的男歌手等形象。

從這些例子看來，過去的辛苦經歷似乎是對大衆人民的一種赦免符。日本太閤秀吉之所以成為日本歷史上的大人物正是這個緣故。不過，在談論秀吉何以出人頭地的故事時，已經悄悄地將日後成為最高權力者的另一個充滿著狡黠的秀吉的模樣，掩飾掉了。

14 叫嚷反對味全隊時，會令人以為兄弟隊球迷或三商隊球迷也是自己的同伴。

當對方舉出共通的敵人時，乃是企圖與你締結好友關係。

本來處於敵對態度的人有時會因某個機緣而成為至交好友。競爭激烈的兩個雜誌社的總編輯有一次碰巧在酒店碰面，雙方都認得對方，但是，這兩家雜誌社都出版以男性讀者為對象的雜誌，在經營銷售上已長期地展開激烈的競爭。二人偶然碰頭自然針鋒相對各懷鬼胎，當場的氣氛顯得極為尷尬。

但是，當話題一轉到職棒的事情時，迅速地縮短了雙方的距離。他們二人發覺一方是兄弟隊的熱情球迷，另一方則是積極擁護三商隊的球迷時，本來分庭抗禮的兩人，最後竟然勾肩搭背的唱起了軍歌。理由極為簡單。是因為味全隊使二人的意見不謀而合。換言之，他們找到「味全隊」這個共通敵人而使原本敵對的姿勢化干戈為玉帛。

在共通的敵人之前常有敵對雙方互結同盟的情況。從前的蘇聯曾經策動大韓飛機擊墜事件，而日本的迅速情報處理深獲韓國及美國的好評。當時，美、韓對日本並不表好感，然而紓解美國與日本之間的經濟摩擦、韓國平日對日本的不信賴感，是因為出現了蘇聯這個共通的「敵人」的緣故。更早在戰爭中本屬敵對關係的蘇聯和美國，曾經聯手對付共通敵人的日本，而日本國內本來立場對立的在野黨和執政黨又團結一致，面對美國或中國等共通敵人，攜手並肩協助戰爭。

若要與敵對的對方組成同一陣線，只要能應用這種心理法則，刻意地製造共通的敵人。換言之，藉由組成共同戰線以建立連帶感。以下就為各位介紹一個利用這個方法而避開噪音公害的一位朋友的例子。

這位朋友是住在公寓社區，據說樓上住著一位音樂家，每次都因為樓上彈鋼琴的噪音而無法安靜地寫稿。雖然可以明白向對方表示不滿，然而每天與對方見面，恐怕因而影響鄰居的交情。因此，這位朋友心生一計。那就是製造一個共通的敵人而拉攏那位音樂家為同伴，組成共同戰線。而這個敵人就是社區建設公會。

換言之，他們二人聯手主張鋼琴的聲音傳到鄰戶住宅內乃是因為社區建設有所缺失，社區建設公會必須負起責任。於是他們向住宅公會提出申請，取得墊在鋼琴下的試用防音墊在相關人等的照會下實際作了實驗。結果他不費唇舌之力，即獲得了限制樓上住戶彈鋼琴時間的條件。

15「我認識你的朋友的朋友叫做×先生」

當對方以細微末節的小事強調與你的共通點時，是企圖讓你以為雙方是處於利害關係一致的立場。

有一位企業經營者面對員工提出加薪要求時，都會使用「你們渴望公司倒閉嗎？」的論法。當然，絕對沒有任何員工願意公司倒閉而失去工作。這正是這位經營者「高明」之處，接下來他會使出三寸不爛之舌一再地遊說：

「我也不渴望公司倒閉。」

「公司能夠發展對你們各位而言將有極大的利益。」

「你們各位也拼命地為公司幹活兒，而我也在經營方面埋頭苦幹。」等等，最後則說：「為了公司的發展，希望各位暫且忍耐加薪的要求。」藉此擊退員工們的要求。我相信利用這種方式騙員工而飽藏私囊的經營者應不在少數。

這個方法的技巧毋寧是強調雙方的一致點。即使本來處於厲害關係對立的立場，一旦建立這種「共通的地盤」時，會令人感到雙方是處於厲害關係一致的立場，這正是欺騙者之所以能得逞的緣由。

有不少人和初次見面的人談話時，在閒談中發現與對方出自同一家鄉或學校時，本來的拘謹感會一掃而光，霎那間氣氛變得融洽。一般人都具有在面對必須嚴加警戒的對方，卻發現雙方之間的共通點而輕易地消除警戒心的心理傾向。

心理顧問也會應用這種心理傾向的手法。一般前往心理協談中心的人都會感到緊張，對於協談者會抱有警戒心。甚至有人抱著敵對的心理。心理顧問為了與這些人盡早做心理的溝通，建立誠信的關係，經常使用擴大彼此共通點的技巧。譬如下面的情況。

「您住在那裡？」

「台北。」

「喔，我在台北曾經有一個非常好的朋友，從前我幾乎每天都去。現在台北已經變了許多……。你知道車站前有個香煙攤嗎？有一個老太婆看店的香煙攤。……啊，那位老太太還好吧？」

任何話題都行。總而言之不論什麽芝麻蒜皮的事情，只要漸漸地擴大與對方的共通，慢慢地就會消除對方的緊張或戒防。即使是看起來頗不好惹的人，如果明白雙方有共通的朋友，就會變得彷彿是舊交知己，立即取得對方的信賴。這全都是這種心理傾向所造成的影響。

16 占卜師能確實猜中任何人的過去而取得顧客信任的秘密

對方在談話中故意留下語意未明的語句，是企圖讓你意會與對方之間的關係。

「你家的門邊是不是有一棵松樹？」

手上拿著一副大眼鏡的占卜師一開口便這麽說。如果事實上住家的門邊有一棵松樹，會使顧客佩服這位占卜師果然神機妙算。即使門前沒有松樹，占卜師也會改口說：「果然沒有吧，這太好了。」絕對不會讓顧客產生不信感。

這個問答法令人以為占卜師似乎斷定顧客家門前有一棵松樹，但是，根據回答的方式卻可以作任何的解釋，這種問答方式相當曖昧不明。

除此之外，占卜師會巧妙地運用「曖昧語」讓顧客以為自己的占卜相當靈驗。譬如，占卜師開口說：「你是和水有緣的人吧。」這個說詞似乎是專指「水」一物，其實是非常曖昧的說法。不論是陳先生或李太太跟水都有關係，風月場所、器材行、船員等都跟水結緣。住宅附近也可能有河川或湖水。

但是，人的心理極為微妙，一旦聽到一個曖昧的提示就會想盡辦法主動去探討與該提示有所關連的事情。如果占卜師說與水有緣，就會從以往的體驗中找出與水相關的事情，譬如：「聽你這一說，我記得在小時候曾經溺過水。」人會擅自把曖昧的事物轉為眞確的事實。

諸如這般占卜的技巧無非是取決於如何巧妙地活用「曖昧語」。如果能善加利用這種曖昧語對人心所造成的效果，極有可能連素昧平生的對方心理也操縱股掌間。

一流企業的經營者們都自然地具備這種心理術，擅長掌握職員的心。譬如，在走廊或洗手間與部屬碰面時，輕輕地拍對方的肩膀激勵他說：「你也真辛苦，好好加油！」「辛苦」這個語詞極為曖昧。到底是為何辛苦？令人搞不清楚所以然。但是，聽在職員的心裏卻會覺得這是上司對自己的關懷。

任何人多多少少都有煩惱。「辛苦」這個語詞中涵蓋著工作的辛苦、人際關係的辛苦、家庭內的辛苦等，各式各樣的「辛苦」混雜其中。而一般人會從中找出最適合自己的「辛苦」而擅自地解釋為：

「原來老板非常清楚我在人際關係上的苦惱啊！」

如此一來即使老板並不清楚部屬的事情，卻只因為有效地運用一個曖昧語而令對方以為上司對自己的煩惱瞭若指掌。

這種人容易受騙上當① 知識份子

在地中海沿岸的休閒別墅鬆弛身心的歐洲上流階級人士。主角的男子計畫著娶一名貌美而富有的女子為妻，打算從該女人身上騙取巨額財產。男子對自己聰明清晰的頭腦抱著絕對的自信。但是，這個男子卻被娶為妻子的女人欺騙，被警方認為具有殺人的嫌疑。螢幕上出現叫嚷著「糟了！」的男子的嘴唇和拳頭的響聲——任何人也許都曾經看過這樣的電影畫面。

像這種電影的主角所代表的知識份子或自負為聰明絕頂的人，即使會欺騙人也絕不認為自己會是受騙者。而這一點正是最大的陷阱。的確，這些人正如他們自己所認為的似乎難以被騙。但是，他們只不過是「沒有預期到被騙」而已。人們對於沒有預期的事情總是較為脆弱。

知識份子容易被騙的原因還有另外一點。那就是由於腦筋靈敏，常有聞一知十的自負。經常只憑一個情報去想像其餘的關聯事物，而怠慢確認的工作。其實欺騙者所利用的正是他們「自以為是」的特點。

總而言之，自信過剩的知識份子對詐欺的老千而言，毫無疑問地是絕佳的凱子。

第二章　大家一起闖紅燈，紅燈就變綠燈

——把個人意見佯裝成他人意見的伎倆

17 標榜第三者的意見，是爲使自己的意見彷彿具有客觀性

當對方說：「是×先生說的。」「這是×先生的意見」時，必須懷疑根本沒有這回事。

有一次，專門經手別墅土地分讓業務的不動產公司的推銷員前來寒舍，他手上帶著朋友的介紹函，因此，我不好意思立即駁回而決定跟他碰個面。但是，因為他一碰頭所說的一句話，使我不得不仔細地聽這位推銷員的談話。他這麽說：

「其實我的上司A課長是您的大書迷，他希望我如果到您府上來拜訪，務必請您在這本書上簽個名……。」

接著從皮包裡掏出我最近出版的一本書。

「其實我是您的書迷」，這是推銷員慣用的說詞，但是，如果面對當事者這麽說，即令人一眼看穿其居心何在。但是，這位推銷員卻採取間接的攻擊法向我表示上司的A課長是我的書迷。這比當事者是我的書迷更具說服力。而且，他還確實地拿來了我的一本書。連我也被這麽巧妙的奉承給迷住了。

即使是虛偽的情報，若以第三者的想法或意見來傳達時，這個情報就帶有一點真實感。腦筋靈敏的詐欺師經常反用這種人的心理。譬如，帶一名外國人到咖啡店去，悄悄地告訴櫃台的小姐說這個老外是阿拉伯的阿普達比王子。

數天後這個詐欺師又帶一名企圖從中謀利的女性到該咖啡店去，在談話的途中佯裝想起某件要事而離開咖啡店。結果留在咖啡店的女性感到不安，於是向和他似乎頗認識的櫃台小姐詢問：「那個人是什麼樣的人？」櫃台小姐事實上也不太認識那個人，卻因為記得前幾天他曾經帶一位外國人前來的事而回答說：

「他好像是阿拉伯的阿普達比王子的朋友喔！」

第三者的這番話使這位女性彷彿吃了一顆定心丸，一頭栽進那位詐欺師的結婚騙局中。如果當事者一再地吹噓自己是阿拉伯的阿普達比王子的朋友，也許那名女性並不會如此輕易地被騙吧。

第三者的情報並非全使用於讓他人將謊言當作真話的不正當目的上。對於兒童的教育也有效果。當兒童和不良朋友交往時，即使父母如何苦口婆心地說教，也難以產生遏止的效果。反而會遭到強烈的反抗。這時如果讓叔母、伯父等與該孩子沒有直接厲害關係的人，若不經意地告訴他：「你的母親非常擔心喔……」多半較具效果。

18 被對方問及「你的朋友怎麽樣？」而鬆弛口防的理由

當對方想要打聽你隱藏在內心的真心本意時，會以詢問「第三者的想法」的形式來探聽。

以中年主婦為對象做問卷調查而讓她們自己申報年齡時，結果依年齡別統計時，一般「四十歲」會變得異常地少。這是因為「四十歲」的人對於承認自己已進入四十年代的事實有極為強烈的心理排斥，因此，往往說出比實際年紀較輕的歲數。其他的年齡雖然有程度上的差別，追根究柢都不離這種心理影響所出現的誤差。

女性對自己年齡說謊多少令人覺得可憐，不過，從申報年齡的例子看來，即可發現要讓對方說真話可是件不容易的事。尤其是要打聽和對方的自我有密切關係的真心本意，簡直比登天還難。如果告訴對方說：「請說出你的真心話。」世上大概沒有據實作答的人。為了探聽對方的真心本意必須具備相當的「欺騙心理術」。

譬如，在有關SEX的調查中，即使向年輕女性詢問：「妳和幾名男性有過性經驗？」絕對不會得到對方的正確回答吧。即使有，所回答也多半是胡亂捏造。

據說最近日本的年輕女孩都能坦率地談論性的話題，不過，誠實地談論自己的性經驗到底還具有強烈的心理排斥感。

但是，碰到這種情況若改變詢問的方法說：「妳周遭的年輕女性都怎麼樣？」這時對方多半會坦率地回答說：「大家都說我們女孩是在玩火，其實這不全都是媒體界所製造出來的謊言嗎？大家可很認真哦！」

當然，這句話中的「大家」，事實上一定包含她自己本身。

利用詢問第三者的意見或想法的形式而詢問對方時，對方也能輕易地開口回答。這乃是因為在並非自己本身的意見的前題下使責任感、壓力感減輕的緣故，相對地警戒心也變得薄弱，因此往往脫口說出真心本意。

狡黠的上司要探聽部屬的真心本意時，也常應用這個技巧。

當聽到上司問及：「現在的年輕人對公司或工作到底抱著什麼樣的想法？」而趁勢大發議論說：「大家似乎對自己的生存意義或家庭遠比工作更為重視喔！」「和中年的上司根本話都談不攏。」

你的任意發揮很可能使你自己本身的評價被大打折扣，面對這種情況應看穿這乃是對方欺騙的技巧，而思考以其人之道還治其人之身的騙術才是良策。

19 強調「碰巧」「偶然」而佯裝自己的意見是他人的意見

對方說起「突然聽到」「碰巧聽到」之類的話題時，最好心存警戒。

日本在選舉期間的戰術中有所謂的「澡堂的謠言」。這乃是某特定候選人的助選員三兩成群到大衆澡堂，以口傳的方式毀謗與其對立的候選人的伎倆。首先他們會佯裝是在大衆澡堂偶然地碰到。當他們互拍著肩膀寒暄說：「好久不見啊！」之後，其中一人就悄聲地開始散佈對立候選人的謠言，諸如：「我碰巧聽說這次選舉中A候選人有小老婆，在選舉期間這個緊張的狀態中，他的太太竟然回娘家了。」據說這個戰術的效果非凡，翌日該澡堂的鎮內已經傳著A候選人那被刻意捏造的小老婆的騷動。

這種謠傳情報若要取得信賴性而在人群中流傳，首先其發生的場所必須是聚集著不特定多數人的澡堂，同時要悄聲地談論。

換言之，為的是讓聽者錯覺說話者並非刻意地告訴自己這個情報。

口傳的謠言絕不可忽視。其傳播力極為強烈。從前，在日本造成社會問題的愛知縣豊川信用金庫的擠兌騷動事件，也是從一名搭電車通學途中的女高中生，從自己突然聽到的一個消息為開端，而發開展來。據說這個突然聽到的消息就以它為出發點，一傳十、十傳百地流傳，終於演變成擠兌騷動。

為何我們會輕易地相信突然聽到不確實情報，而不信任直接獲得的情報，同時又喜歡將道聽塗說的事情告訴他人呢？情報通常潛伏著傳播者的意圖或動機。因此，接受者會對直接聽到的情報帶著戒心，並不輕易相信。首先要先確認對方的人格是否足以信賴，再從而確認該人所口傳的情報的真實性。

但是，如果先表示自己所要說的情報是突然聽到的，即可輕易地讓對方相信自己所傳達的情報。突然聽到的情報的偶然性以及沒有利害關係的第三者所洩露的情報，這二點正是陷阱所在。一般人會因為是引用第三者的話而錯覺為其中和傳達者的信賴性並無關係。而且，「突然聽到」這句話中是表示情報早已為人所知，不知道的只有自己而會感到不安。如此一來更添加了情報的真實性。

這種「突然聽到……」式的「欺騙技巧」有時會被刻意地運用。像日本關東大地震時，就是因為日本軍部刻意地放出謠言而產生了虐殺朝鮮人的悲劇。

20 全體一致之中另有玄機

對方所傳達的多數意見或全體一致的情報中，是隱藏著想要令他人信任對自己有利的情報。

世界聞名的日本指揮家小澤征爾先生在歐洲參加指揮比賽的過程中發生了一件事。最後審查時審查委員交一張樂譜給小澤先生，詢問他如何正確地指揮。當小澤先生認真地揮動指揮棒時，發現在音樂上有一個極不自然的地方。他本以為是演奏家的失誤而重新再指揮一次。但是，仍然覺得奇怪。因為，演奏家應該是根據樂譜做正確的演奏。

這時，作曲家和編曲家都走出來，除了小澤先生之外在場所有的人一致認為其中並無任何過失，都主張是小澤先生的錯覺。聽大家這麼說，連小澤先生也感到徬徨。但是，他大聲叫嚷著：「這個樂譜錯了！」事實上這個測驗正是要測試身為指揮家的基本姿勢。

換言之，評審委員以極為周密的方式測試小澤先生是否能察覺到樂譜上的過失，在周遭人一致的否定下也能相信自己的音樂感並據理力爭。

小澤先生的小插曲告訴了我們在具有不同意見的多數者之中，如何貫徹正常意見的困難，而著名的「亞修實驗」就是最好的佐證。

心理學家亞修讓一組九人的受驗者看描繪著一條直線的卡片和另一張描繪著三條直線的卡片，再讓每一個人回答卡片中的一條直線和另一張卡片中的三條直線中的那一條相等。

這個實驗乍看之下並沒什麼困難，而事實上九個受驗者中八個是假的受驗者，換言之，都是臥底者，他們已接受指示要做錯誤的回答。被安排在第九順位回答的真正受驗者受到多數臥底者的影響，結果做了和多數者同樣錯誤的判斷。

一般人很容易順從周圍大多數的意見，為了與他人步調一致即使明白自己的意見，或判斷是正確的也具有輕易放棄的傾向。

有一句成語說「附和雷同」一般人似乎不管事物的正確與否都會有依附大衆的傾向。正如前面所提的小澤指揮家的例子，除非對自己的判斷力具有相當的自信，否則想主張自己的想法而不屈服在「集團壓力」下是相當困難的。當周遭的人都把白說成黑時，你是否也認為那真的是黑嗎？

在企業界也會運用周圍的人事先套好說詞的伎倆，輕易地讓公司裡的「異議份子」的想法做一百八十度的轉變。

21 被遊說買了不必要買的東西的「拍賣心理」

當對方聚集著多數人想要決定彷彿正大光明的事情時，其實是想利用多數人在場的氣氛隨心所欲地操縱他人。

從前為政者們所思考的問題是如何以極少數的意見操縱多數人於股掌間。

譬如，納粹德國的獨裁者安德魯夫・希特勒在演說時必定選擇黃昏時刻。在太陽餘暉的沐浴下高舉著右手，以華麗的肢體動作登場時，立即成為群衆注目的目標。隨著演說的進行，包圍在群衆外的希特勒親衛隊慢慢地往中間靠攏，為的是要縮小群衆所圍成的圓圈。

這時，親衛隊中有幾個人依次地叫嚷著：「希特勒萬歲！」結果從沈醉在這種氣氛中的群衆中，也有人不論演說的內容為何，而叫嚷著：「希特勒萬歲！」高聲喊叫的人漸漸增多，最後變成全體高唱希特勒萬歲的大合唱。

若以心理學的觀點來分析這個現象，即可發現大群衆中的個人存在極為稀薄，自我意識很容易埋沒在群衆之中。處於類似的狀況下個人受到做任何事也不被追究責任的無名性的心理支配，而造成整體群衆漸漸地陷入感情化、無批評化、容易遭受暗示的狀態。在這樣的場合，一個人的言行舉止對群衆全體具有出人意料的影響力。而這種被暗示性隨著群衆人數的增加、密度提高，群衆的肢體接觸頻繁時更為提高。

在我們周遭這種群衆心理傾向的例子隨處可見。譬如，身為主婦者大概都有過在百貨公司的拍賣會場和其他人蜂湧地擠在一起搶奪拍賣品，結果連不必要的東西也在那種搶購氣氛的影響下而購買的經驗吧。同時，在報紙新聞上也經常聽聞年輕人在爆滿的音樂會場，因為興奮過度，而陸續出現失神或因而受傷的事件。

在封閉的空間裡，人擠人地簇擁在一塊兒的群衆之間，很容易淚水相傳、歡笑傳遞、默契傳染。

一旦製造出這樣的狀態而抬高群衆的被暗示性時，只要再給予稍微的暗示即可輕易地隨心所欲策動這群群衆。在這樣的場合為了給群衆暗示而經常使用的方法是在群衆中事先安排臥底的人。

前例中希特勒的親衛隊員，從另一個角度來看也可以說是「臥底的人」。如果有效地利用這類「臥底的人」讓少數意見順從多數者，並非不可能。

請注意這種伎倆

廉價品有「附贈品」時，即使價格昂貴也不會使人起疑心。

聽到「距離市中心75分」時，往往認定比距離一個鐘頭的場所還要近。

覺得從中獲利時

當被矇在鼓裡買下高過其他商品一倍價格的貨物時，一旦收到一成的償還金就會覺得從中獲利不少。

即使是廉價貨只要標上昂貴的價格，就令人以為是高級品。

22 因搭不上車而感到慌張結果搭上目的地不同的巴士

當對方向你推薦目前所流行、最得人緣的事物時，是想讓你陷入不想落人後、趕不上時代的心理陷阱中。

以多數的獨家鏡頭而造成話題的「FOCUS」雜誌的發行部數曾經高居日本第一，甚至還出現了以該雜誌為主詞、動詞等的流行語。據說發行當初的銷售業績並不盡理想的這家雜誌，之所以爆發性地吸引讀者的注意，其背後乃是設下了一個「圈套」。

那就是讓以女大學生為主的年輕女性手邊夾著一本「FOCUS」雜誌，在屬於年輕人的街道、流行的街道的東京、六本木往來行走。這個方法似乎發揮了效果。雖然該雜誌是以獨家拍攝的照片造成話題而提高了營業額，不過，有一方的說法是，年輕女性讀者的增加更促成該雜誌的發行。

同樣地，松下電器推出隨身聽（Walkman）的新產品時也運用了類似的手法。在他們正式推出銷售廣告之前，讓一群年輕的男女戴著隨身聽，到步行者天國遊蕩，讓趕時髦的年輕人注意到這個商品之後，才在報紙或電視上極力地發佈宣傳廣告。如衆所知地隨身聽立即以年輕人為中心，在消費者之間大為流行，而成為世界性的暢銷商品。

不論是「FOCUS」雜誌或隨身聽何以都能一舉成功呢？這乃是因為他刻意地製造所謂「流行核心」的現象，掌握了對流行敏感的消費層，成功地創造出流行現象。換言之，他們讓大衆產生攜帶「FOCUS雜誌的年輕女性」「戴著隨身聽的年輕人」彷彿是現在的風潮一樣的印象，藉此博得大衆的關心與矚目。

所謂流行現象乃是當產生標新立異的念頭時，與他人之間的差別化變成威望效果，不久即出現了先頭集團。各位只要回想渴望引人注目的女性們穿著迷你裙，而製造了那個空前的迷你裙風潮的前兆就可明白了。一般人會在這個先頭集團的帶領下產生因襲現象。這是「不要搭不上巴士！」的心理的推廣。一旦聽說「迷你裙正在流行」連歐巴桑或老太婆也穿起了迷你裙。據說在這個時候走在流行尖端、擔任流行的前衛部隊的先頭集團早已轉移到另一個流行，開始穿起了長裙了。

據說在企業之中有些為了創造流行，使消費者跟上自己所打出的流行，不惜投下數億元的龐大資金。當然，與真正的流行搭上線者只不過是其中數十分之一而已。如何有效地形成先頭集團，全賴各企業的「企劃者」的手腕。

23 「有利的情報」事實上是「業者得利的情報」

當對方假藉媒體的報導或情報之名前來遊說時，乃是利用表面上的客觀性來掩飾唯恐被拆穿的真心本意。

某地方報紙在其「時髦專欄」上曾刊載這樣的記事。標題是「滑雪場上化粧要慎重、比夏日的保養更要注意」。

乍看之下彷彿是談論有關在滑雪場的護膚法。仔細閱讀該記事的內容，原來是教導大家防止日曬的對策。文中指出即使是陰天也會因反射光而造成日曬，因此，必須均衡地塗抹防止日曬的潤膚油。但是，當我佩服這篇記事頗有見地而一氣呵成讀到文後時，記事的最後記載著「○○化粧品情報提供」。雖然整篇報導中並沒有出現○○化粧品的商品，然而這毫無疑問地是以「時髦情報」為招牌所做的匠心獨具的廣告。

另外，同一家地方報紙的另一個篇幅上刊載著「有利的旅遊情報」。其中寫著「享受夏威夷艷陽的六日遊」。看到這個標題不禁令人想多瞧它一眼，但是，接下來寫的是「關島五日遊七九八○○元」原來這也是旅行業者的廣告。即使有人閱讀到最後而感到憤怒，這也是不足為奇的「有利情報」。

人總是抱著「是否被騙！」的警戒心。瀏覽廣告時警戒意識更強。因為，大家都認定這乃是「只傳達對賣方有利的情報」的廣告。但是，這類廣告卻機智地紓解了消費者的警戒心。因為，他們把情報設計成不僅是對出售者，對買者也有利益的情報。人對情報兩個文字相當脆弱。如果寫上情報二字即認定其中已具有客觀性。這正是廣告主的首要目標。

週刊雜誌上所謂的宣傳活動也是其中一例。在週刊或雜誌上即使不明白標示廣告，也有顯然是以廣告為目的的報導。譬如，「電子技術革命的旗手告訴您最近未來的家庭生活」，以這個標題做成彷彿是頭條新聞般的報導，而介紹某廠商的商品。對不知情的人而言，簡直和一般的報導沒有兩樣。據說這種宣傳活動的報導，其效果非凡，有時乃是造成流行或暢銷商品的基礎。

電視節目中把事先安排好的內容做成似乎自然形成的態勢，而呈現在公衆面前稱為「自導自演」。如果我們無法看穿利用這類記事所做成的「自導自演」，極可能被一大堆演出家玩弄於股掌之間。

24 特別醒目記載著「請注意類似品」的類似品

當對方刻意地揭發他人的不正時，是具有使人的注意力轉移到他人身上，而隱瞞自己不正的嫌疑。

當人被平日信賴的人所欺騙時，多半會如此感嘆吧！

「難道？那麼好的人還會欺騙我嗎……。」

而我卻認為讓對方有「難道？」的懷疑感，正是欺騙之所以能成為欺騙的緣由。在此之前已介紹過各式各樣的伎倆，其中一個代表例是徹底地使自己例外化，使想要欺騙的對方信服。

假設被指責為惡德商人的不動產業者何其不幸地前來拜訪你時。這些把偷工減料蓋成的房子當成高級住宅出售的人，多半會這麼向你遊說：

「最近常有一些居心不良的不動產業者，把偷工減料蓋成的房子以三寸不爛之舌說成高級住宅般出售給顧客。我們身為同業者也感到相當困擾。」

多數人聽對方這麼一說會同情被騙上當的人，同時暗自竊喜唯有自己不會落入那些居心不良的不動產業者的圈套，購買了有缺陷的住宅。但是，事後卻恨得牙癢癢地，還懷疑難道那個不動產業者也騙了我嗎？

一般容易上當受騙的人除了是個好人之外，多半也是善惡極為分明的人。但是，這當中卻隱藏著一個陷阱。換言之，這些好人由於對善惡的區別極為單純，因而養成了揭發他人不正的並非善人的奇妙理論。

而詐欺的老千往往會巧妙地攻擊「好人心理」中認為「如果是壞人絕對不會暴露不正的手法使自己造成不利。所以，這個人是好人」的空隙。所以，騙子根本不必要極力地強調自己是好人。只要藉著強調他人的不正、過失即可輕易地讓對方在無意識中把他們例外化，而認定為好人。

這和推理小說中出現的刑警事實上是兇手的形式極為類似，在這個社會常有原本認為是自己同伴的人卻是敵人的情況。在標榜著「請注意類似品」的商品中，有時自己本身卻是類似品；本以為是自己心腹的部屬，事實上卻是勁敵所派遣而來的臥底者等等。

雖然我並不是要叫大家一看到人就把對方當成小偷，但是，如果單純地信賴對方，最後恐怕會招致意想不到的相反結果。

25 僭入「他人的幸福是我的不幸」的心理

當對方一再地強調你周遭者的幸福時，是企圖指責你的不幸而使你感到消沈。

以前我閱讀過一本小說，該小說的內容是一位經理設計，讓渴望其辭職的職員自動退職。那位經理處理這件事的特徵是，並不直接遊說渴望其辭職的職員。相反地，卻在他的面前盡量地讚揚與其成勁敵的職員們。讚美的內容可隨地取材，譬如：「桌面整理的乾乾淨淨。」等連芝麻蒜皮的小事也當做讚美的材料。

這位經理持續這個戰術一段時間之後，那位職員顯然地變得消沈，工作的效率也降低，所犯的過失日漸顯著。不久，那位職員無法待在公司裡而主動提出辭呈。

這雖然是小說中的情節，不過，這位經理的做法是利用心理學上所謂的「暗默的強化」，極其巧妙地達到自己的目的。

小時候班上某同學犯了過失被老師責備時，在覺得「大快人心」的同時，也彷彿因為「自己沒有做被老師責備的壞事」，而被讚美的樣子。相反地，如果有某同學被老師讚美時，不被讚美的自己似乎有被輕視的味道——也許大多數的人都有過類似的經驗吧。看見自己的勁敵被讚美、責備時，彷彿自己被責備、讚美的感覺就是「暗默的強化」。

換言之，以前例的經理的例子而言，他是故意在渴望其辭職的職員面前讚美他的勁敵，而達到了等於是詆毀該職員的同樣效果。這時如果直接地詆毀對方，恐怕會遭受對方的反駁或懷恨。

然而如果是「暗默的強化」卻可在對方不明究理之下確實地產生心理上的效果。對方在這種技巧的玩弄下，會漸漸地認為「自己是沒出息的人」。而變得消沈。

當然，為了避免各位的誤解在此必須附帶一提的是，「暗默的強化」並非只運用在做為詆毀他人的手段。讚美、責備在對孩子的教養上或職員教育上都是在所必須，只不過責備法比讚美法更加困難。

如果能巧妙地運用「暗默的強化」做為責備的技巧，則能發揮有效的結果。

26 在便利商店的窗邊設置雜誌販賣部的技巧

進入人潮雜沓的商店之前，不妨先帶著存疑的眼光判斷是否真的生意興隆也未遲。

我曾經看過這樣的漫畫。一個人走在馬路上發現某商店的門口大排長龍。他心想「這一定有什麼賺頭吧！」而排在人群中的最後。不久，後面也排了人，人數相當的多。排者等待將近一個鐘頭時，後面的人問道：「這到底在排什麼啊？」他也不清楚而問前面的人，前面的人也不搞不清楚是怎麼回事，於是一一地往前問何以排這個行列的原因，卻都不得而解。最後這個閒話慢慢地傳到最前列，發現第一個人竟然是蹲在地上。後面的人問他：「到底怎麼回事？」他抬起臉來說：「沒什麼，我只是看這裡有一條螞蟻的行列。」說完看見背後大排長龍而嚇了一跳。

這是一則漫畫看完大笑一場就沒事了，但是，看見大排長龍就認為其中必有好處，而不由分說地想跟在行列的後面，乃是一般人的心理。在日本被稱為「新宿之母」的著名相命士的跟前，據說經常排列著一堆人幾乎使交通阻塞。當然，這位相命士的手腕一定有其高人之處，不過，其中應該有不少只看到大排長龍景況，就認定那位相命士神機妙算，而跟著排在後的人吧。

人很容易跟在行列之後，聚集在衆人之中。心理學上認為這種心理作用是「同調行動」。而巧妙利用這個心理的是，最近大為流行的郊外餐廳。這些餐廳備有利用顧客的同調行動的待客指南。

首先，這些餐廳在白天會依序地招待前來的顧客，坐在從外面可看見裡面的窗邊的座位。因為，白天前來郊外餐廳惠顧的顧客多半是以午餐為目的，他們首先想知道的是該店的料理口味如何。

換言之，他們是根據顧客光顧的情況做為判斷料理口味的基準，而商店方面讓顧客先坐在從外頭可清楚看見的窗邊位置，就是為了要讓顧客發現自己商店生意興隆的景況。

另外，在便利商店的玻璃窗邊會擺設從馬路上可清楚看見的雜誌專櫃。這些商店的雜誌銷售量似乎並不太大，但是，以商店的立場而言，只要有顧客聚集在該處閱讀，讓商店的人氣旺盛就已達到目的。因為，隨時保持顧客光顧商店的狀態，對召集顧客具有極大的影響。

這雖然只是其中一例，不過，像這般刻意地扮演「熱鬧」「行列」的效果，也可以說是欺騙的心理術的典型。

27 藉由立場的改變而做一百八十度的洗腦

被指派以往從未擔任的職務時，很可能會從今以後自己的意識、觀念會因對方而改變。

據說在少男、少女的犯罪行為已造成社會問題的日本教育界，試著採取讓問題學生擔任學級幹部或學年幹部的職務，使其重新做人的方法。

據說某學校被指派擔任為學級幹部的問題學生，告訴其他的問題學生們要確實地到學校上課。從這個例中即可發現當人被賦予某種職務時，自己的觀念或思想，甚至行動會受該職務的影響的一種心理傾向。

美國的心理學家菲斯迪卡曾經做過一個頗饒興味的實驗。首先，他讓學生們做一些簡直無聊而愚昧的作業，然後讓其中半數學生回家，再央求其餘的半數學生說：

「在你們之後還有一群學生在休息室等待做同樣的作業，希望你們能告訴他們這個作業是多麼地有趣又具有意義。」

被指派擔任說服者的學生把這個極盡無聊的作業說得彷彿是一項極為有趣的作業一樣。翌日，這位心理學家再將學生聚集一堂，讓他們發表對作業的意見。

結果，事先離開的半數學生全都回答「無聊透了！」相反地，擔任說服者的學生們幾乎都回答「有趣得很！」

也許有人會覺得這簡直荒唐，但是，這種行為是所謂的「認知性的不協調」。當思考與行動有所矛盾時，會把行動配合思考，乃是人的心理反應的表現。擔任說服者的學生藉由向第三者佯稱自己真的覺得該作業極為有趣，結果會錯覺為自己確實有這樣的想法。換言之，在無意識中會使感覺上的判斷接近於所扮演的行動。

心理學上把這種意識的變化說明為「職務演技」。

心理學上的假說是藉由扮演一個職務即可被該職務所具備的思想所影響，甚至改變了自己擁有的思想、主義、主張。如果運用失當恐怕會變成與非人道的洗腦類似的思想改造法，因此，請各位務必注意不要亂用。

譬如，某企業指派對公司欠缺忠誠心的職員擔任新進職員的指導工作。換言之，是讓他們向新進職員教導愛公司精神，讓其學習身為同一公司的職員應有的工作態度。結果，為期一年的指導完畢時，搖身一變為充滿著愛公司精神職員的，卻是那位負責指導的職員。

這種人容易上當受騙② 吝嗇

有不少人也許是顧慮日後生活的問題而勤快地存錢。據說覬覦這一點小錢意圖騙取的惡德業者絡繹不絕，何以人會如此容易上當受騙呢？

這些人也許是幾近於吝嗇地節衣縮食而儲蓄了一筆錢財吧。如此小心翼翼地守住自己的錢財，卻因為對方的一句「賺得更多！」而受騙上當，這與其說是慾魔薰心的結果毋寧是只注意積蓄眼前的小錢，而疏忽掉更重要問題的緣故吧。

從前日本在世田谷區發生了一件綁架老太婆的事件，雖然這位老太婆已是家財萬貫的資產家，卻仍然中了詐欺師的圈套，也許是這位老太婆也過於注重眼前的小利而招惹被綁架的危險吧。

一般具有所謂吝嗇性格的人對於細微末節的小事都觀察入微，相反地卻不擅長大型的經營管理。而詐欺師就會反用吝嗇者的這種心理。另外，吝嗇者蒙受重大損失多半是委任他人巨額錢財時。這與其說是因為感情轉移而信賴對方的緣故，毋寧是平日不習慣委任他人事務，缺乏辯別對方是否真的值得信賴的能力吧。

第三章　馬夫要衣裝，騙子也要裝扮

——假藉權威、一流之名而使對方信任自己的伎倆

28 小人物假藉權威之名佯裝大人物的技巧

當對方對權威人士表示輕慢態度，事實上是想藉此往自己臉上貼金。

提起日本前日商岩井副社長海部八郎先生，雖然他因一宗糾紛案而失勢，在商場界卻是衆所週知的出類拔萃的商業鉅子。從商時代的他，似乎有一個奇怪的「癖性」。根據『惡的社會學』一書中所言，海部八郎經常信口開河地宣稱「剛才角先生（田中角榮）打電話給我……」或「我才中途離開福田（糾夫）先生的宴會……」等等。經常隨意地脫口而出根本沒有見過面的政治家的名字。得知實情的人常向海部先生忠告不要說這樣的謊言較好，但是，據說海部先生的這個「癖性」，卻在商業界完全地豎立了「在政界有特殊關係的海部」的形象。

這則小插曲令人覺得像海部這麼擁有實力的商業鉅子，似乎不必要利用這種方法來增加自己的聲勢，但是，事實上這種欺騙的技巧經常被使用於無能無才者，佯裝能力卓越或大人物模樣的時候。

換言之，親密地稱呼大人物或權威人士，會令他人錯覺為說話者也是非凡之輩，或具有權威的人。這時，稱呼權威人士的方法越是粗鄙越能增加稱呼者的權威性。因為，稱呼對方的方式正反應出兩者在社會上或心理上的能力關係。換言之，稱呼「田中君」比「田中先生」、「田中」比「田中君」更能抬高稱呼者的地位。越是把對方貶得越低，相對地越能抬高稱呼者的權勢。

譬如，日本猜謎節目中有些擔任主持人的電視明星，對於著名的來賓會直呼其名而不加上「先生」「小姐」的尊稱。而被直呼其名的電視明星有些人會有似乎不被重視而感到不滿的表情，但是，主持人之所以故意直呼受人歡迎的明星的名字，乃是想向視聽者標榜自己遠在其上的印象。

當然，這種欺騙技巧很容易被立即拆穿所粉飾的金裝。若親密地稱呼美國總統並強調彼此之間的親密關係，縱然能夠欺騙對說話者並不瞭解的對方，然而卻會被對說話者的無能瞭若指掌的人竊笑不已，這可是最大的敗筆。

29 日本企業聚集在丸內的另一個理由

請注意在「一流」企業雲集之處也有佯裝是「一流」而是混雜其中的三流者。

在國際性的運動大會的會場常可見大企業的宣傳廣告。而這類重大盛會幾乎都是由國內著名的企業贊助，提出資金共襄盛舉。

這筆資金為數龐大。除了要招待多數的外國選手之外，還要禮聘球團啦啦隊或相關人等，舉凡其報酬到住宿費一併包辦，所以，非經濟大國的國家難以為之。而且，據說不僅是各大企業，連二、三流的企業也爭相贊助這類重大盛會的舉行，紛紛到廣告代理店洽商贊助事宜。對我們外行人而言，不懂這類重大盛會的利點在何處？但是，根據廣告業者所言，這當中對參與的企業有極大的價值。

一般重大的盛會都是以廣告代理商為中心由數家贊助公司和電視台、報社等媒體界共襄盛舉。當然，是由電視台實況轉播將賽程傳播到全國各地。這一點就是贊助者最大的利點。

當格拉夫或艾特巴格等知名的外國選手在球場上展開令人驚嘆的球技時，從電視的轉播中即可看到並排在球場背後的各企業的名稱。有時著名選手的制服上還清楚地印有企業的名稱。這乃是企業隨著著名運動選手的精湛演出，而使贊助者的某企業名稱烙印在視聽者腦海裡的一種設計。

而且，轉播數次之後外國的著名選手的國際形象無形之間會投影在做為其贊助者的企業形象上，彷佛一層糖衣包裹住。

只依附於一流形象而使自己也彷佛是一流業者的手法在個人的商法中也時有所見。某自稱「實業家」的總公司位於日本的丸內。對方在遞名片時一定附加一句說：

「三菱等公司也在裡面的那棟大厦喔！」

至於接待顧客則安排在豪華的銀座。而在談話中也頻繁地以著名人士為話題，譬如說：

「經團連的×先生和我是多年的朋友。」

不僅是被其接待者，連銀座的酒吧老闆娘也都被蒙在鼓裡。交往數次之後大家都以為他是非同小可的大人物，似乎有不少經營者在他的融資慫恿之下做了巨額的投資，也有許多酒吧女老闆把多年的積蓄告貸給對方。他四處取得資金之後突然消聲匿跡，至今大家還搞不懂他到底是何許人。

從以上的例子不難發現只要假藉他人的權威，以建立自我的形象，即能輕易地使人受騙上當。

30 飯店是欺騙人的最佳場所

在飯店或餐廳等「一流」場所，佯裝「常客」的人多半名不符實。

不論古今中外，一流的飯店或餐廳對詐欺者而言似乎是最容易工作的「場所」。他們會事先調查所利用的飯店的格局或餐廳的菜單等，讓所覬覦的「凱子」以為自己彷彿是該處的常客一樣。

就連處事謹慎的人發現詐欺者對飯店的格局瞭若指掌，或對餐廳的料理耳熟能詳時，就會以為對方是經常利用這等一流飯店、餐廳的了不起大人物。結果在不知情這乃是詐欺者所設下的圈套之下，落得貼上大筆錢財的結果。

同樣地，約會時您不妨在餐廳裡帶著親切的口吻向服務生打聲招呼說：

「啊，工作得如意吧？」

雖然根據當場的氣氛也許會造成矯柔做作而引人不快的結果，不過，只要說出口的方式極其自然，即可因為這一句話讓女友認定你一定是這家餐廳裡極受重視的常客。

這類「欺騙的技巧」是利用心理學上所謂的「後光效果」。當與令人畏懼的人會晤或交涉陷入停擺狀態的生意時，運用這類權威為後盾，使自己彷彿是一流者的方法，能發揮極大的效果。

譬如，假設你首次邀約心儀的女性一起共餐。如果約會的飯店或餐廳極為高雅，那位女性必定佩服於你的交遊廣闊，甚至認為一起用餐的飲食提供者，也許是今後人生中最值得信賴的人。

換言之，對方會消除以往的警戒心，對你重新評價為值得依靠的人。

若要使自己的交友顯得極為廣闊，最好的方法是，像前述的詐欺者一樣事前進行調查，不過，即使是首次造訪的場所，佯裝成常客一點也不困難。

若是一流的餐廳或飯店，從業人員多半身上佩戴有名牌。只要精明俐落地看對方身上的名牌而向他打招呼說：

「×先生辛苦你了。」

「×小姐，剛才真謝謝你。」

不論男女服務生絕不會脫口說出：「我不認識你……」這麼愚昧的話。

如果不認得對方的姓名，只要向對方問聲好也能夠達到相當的效果。

31 先聽他人的意見，最後再陳述自己的意見

喜歡在會議席上最後發表意見的人，乃是借花獻佛的表現。

對上班族而言在會議席上如何地表現自己，會使自己在公司裡的立場大為轉變。一般而言，發言次數多、發言內容又足以令上司首肯者，往往被評價為是公司裡的能幹職員。但是，並非每一個會議都能有令與會者心服口服的發言。

在沒有獨創性的見解時，只能保持沈默聽任會議的發展，不過，在這樣的狀況也能利用一點「欺騙的心理術」強烈地主張自己的存在價值。

譬如，某企業的經理就是利用這種方式，在公司裡建立自己是能幹有為者的形象。會議中有各種意見的發表，在這個過程裡他絕不做任何發言，只不過靜靜地傾聽並做下記錄。而在議論將要結束時舉手發言說：

「最後再讓我發表一點意見……」

其發言的內容是把適才的議論做一番整理後的歸納。他頗得要領地把當場的意見做了一

番整理，但是，卻讓在場的出席者認為他是掌握了整個會議的領導權。

其實這是相當高度的心理技巧。首先保持沈默地傾聽他人的發言，藉此去掌握對方的內在印象。然後再從上司偶爾所提的意見中去瞭解公司，藉這個會議所要尋找的東西，依這個方式掌握住會議的流程，並依循會議的動向發言即可，這比茫無頭緒地發言更為輕鬆。

在會議上最後發言者多半比最早發言者處於較有利的立場。最初發表意見時當然必須提出某種創見、新的主張，但是，事後發言者只要給予批評或陳述與其相對的意見就行了。所以，從某個觀點來看，最後發言者是把自己置身在最為有利的立場。

在這樣的場合即使最後發言者的內容大部分是搜集他人所做的意見，不過，只要附帶一點個人的見解，諸如「在這個地方稍做修改……」的意見，就可以令人產生自己的發言遠在其他發言者之上的印象。

再進一步地做表現時可以巧妙地以前者的發言為跳板，謙虛地表示：

「我並非和他唱反調，不過……。」

以這個方式即可強烈地促銷自己的意見。這時即使自己並無任何獨創性，也可以利用假藉他人的觀點做一番發揮而建立自己的觀念，比他人更為高明、卓越的印象。

32 利用報紙上並不起眼的情報使人以為自己是博學多才者

詳細地談論微不足道的情報的人，是具有令他人錯覺為「他很了不起！」的企圖。

以口無遮攔而聞名的日本評論家竹村健一先生是公認的博學多識的人物。據說常有聽衆對竹村健一表示：「老師您的談話中常有許多報紙或電視上所沒有的情報，使我們受益良多。」對他的演講表示感謝。但是，根據竹村自己所言，情報搜集雖然有些是取自歐美的報紙，然而九成左右是根據日本的報紙而來。只不過和其他人看報紙的著眼點不同，他多半注意多數人匆匆一瞥的不起眼的小記事。

竹村把一般人所遺漏的情報栩栩如生地在自己的談話中重生。而其談話中會添加專家的見解、分析，事實上若要獲得他人所肯定的「博學多識」的評價，除了必須具備情報搜集能力之外，還必須具有記憶該情報的能力。而且，具有隨時隨地沒有任何暗示即能抽取所記憶的情報的「再生能力」也是條件之一。如果是在獲得他人的暗示之後才有所覺的「再認」程度的能力，是遠不及所謂的「博學多識」。

不過，將所有的情報搜集記憶，使其重生並不可能吧。因此，應試著使其中某一項情報能夠完全地再生。以莎士比亞的小說為例，必須找出其中自己最中意的作品徹頭徹尾的閱讀並深記在腦海中。然後利用某個機會提到：「莎士比亞的『李爾王』的確令人感動……」然後鉅細靡遺地談論「李爾王」。

光是這樣就足以使對方的評價改變。雖然只不過談論「李爾王」而已，卻令對方錯覺為你對莎士比亞的全部作品似乎瞭若指掌。

我的朋友中有一位號稱「引用的名人」他每次在演講的開始會故弄玄虛地說：「哥德曾說『meiru rihito』，語畢使聽衆大為折服。然後停頓數秒再接續著說：「它的意思是『多給我一些光』，這乃是哥德臨終時所留下的著名的一句話……」。因這個開場白讓所有的聽衆認為他一定閱讀過哥德的原文，而感佩他的確是博學多聞的老師。我的這位朋友並非虛有其表的博學多才者，只不過確實是利用這個方法提高了自己的名譽。

諸如這般如果知道他人所不知道的情報或知識時，即使那是微不足道的小事也可以因此而獲得更高的評價。

事實上，只要曉得世界各國語的狗叫聲或德國酒的種類，一有機會趁機表現即可。絕對沒有人會認為那是無聊的舉動，而且，毫無疑問地會令同伴刮目相看。

33 談論未來的巨大夢想，表現大人物的風範

不談過去或現在的事情而談論未來的理想會顯得比實際更為偉大，因此，有時最好修正對人的看法。

某作家在雜誌上曾經寫到自己年輕時，有一位朋友經常對他人表示：「我將來要當一名議員。」那位朋友至今雖然沒有當成議員，但是，在同事之間卻深獲好評，被認為是了不起的人，而在公司方面也無形中變成了「他屈居在敝公司」的氣氛，據說他終於因此而當上了經理。

姑且不論這位作家的朋友是否有意當議員，不過，談論遠大理想的人會給周遭人產生積極地面對人生的印象，使人覺得該人非同小可，充滿著充沛的活力。當然，並非夢想越大越好。如果無法令人覺得有可能達成的真實性，只會落得大吹牛皮的笑話而已，而且，如果只談論遠大的夢想而現在的情況卻是一團糟的話，大概沒有人會相信吧。前述那位作家的朋友應該有其個人的努力而令人覺得他的這番話具有真實性。

使自己本身展現魅力的方法有許多，較有效果的方法之一是令別人以為自己潛在著遠比他人更大的可能性。而其手段是姑且不論現階段是否可能而懷抱未來的志向，大談個人的遠

大「夢想」。譬如，反覆再三地談及：

「我打算將來自己獨力開一家公司。我一定要實現這個理想。」

人心是非常微妙的，即使剛開始聽到這番話有所懷疑的人，在反覆聽對方談論此事時會慢慢地覺得：「如果是他也許辦得到。」

這時最重要的並非談論過去或現在，而是未來。如果談起過去往事很容易陷入自鳴得意的危險中，會使自己顯得微小。談論現在也是一樣。如果說自己目前正從事何種工作，事實如何立即分曉。

若所談論的內容與事實多少有所出入，只會落得被冠上言行不一的吹牛王封號而已。相反地，談論未來時即使有點信口開河也不會受到責難。

這個方法也可利用在追求女性上。追求女性時不妨一再地談論對未來的夢想。如果那位女性對該男性產生一點好感時，會覺得他正為著這個巨大的夢想而努力，很容易陷入自己也想助其一臂之力的心境。

不過，這個男性是否能夠成為大人物，結婚之後即見分曉……。

請注意這樣的伎倆

當平常耀武揚威的上司表現出極為謙恭的態度時，往往連吃力的工作也承擔下來。

如果因為一點小禮物而感到高興，事後就會被要求更多的「回禮」。

■被奉承而志得意滿時

聽對方說「只適合你」時，連不必要的商品也會購買。

當對方表現出比自己所預想還大的歉意時，就很難向對方說出自己的苦衷。

34 在商談途中頻繁地離席、佯裝精明能幹而繁忙的人

對方若是在旅遊地也有業務上的電話連絡，最好認定他只不過是扮演「能幹者」的「沒出息者」。

假設你在某酒吧和數名同伴一起飲酒。這時其中一名同伴頻繁地有電話的連絡。當大夥兒談得起勁時就有他的電話，當事者一臉不快的表情離席。看到這種情況的人一定有許多人認為：「這個人一定是日理萬機的能幹者。」

但是，果真如此嗎？也許這是居心不良的看法，不過，和同伴一起飲酒時頻繁地有電話前來連絡的人一定不是什麼了不起的人物。如果是真正處理重大業務的能幹者，應該有二、三個可以利用電話處理業務的部屬。

同時，除非事態緊要否則重要的事情都是直接口頭接洽。舉凡身為大人物者都非常重視自己的隱私，絕對不會中途離席而掃了同伴們的興致。但是，很少有人會察覺到這一點。一般人總認為常有電話的連絡一定是交際廣泛，各方面都需要他的人。

打電話到公司裡的情況也是一樣。即使這些電話是私人電話，卻可以根據應對的方式使

人錯覺為是工作上的電話。據說有些上班族會利用電話的把戲在工作閒暇時刻意地四處打電話，以蒙蔽上司的耳目。

另外，據說影視明星在交涉酬勞時，會讓交涉對象到自己的事務所，然後設計讓他人從外頭一再地打電話進來。這乃是為了佯裝自己繁忙的程度，讓對方以為自己是影劇圈炙手可熱的人物，以提高自己的酬勞。

尤其是以人緣為業的人似乎都需要表現繁忙的程度。正因為工作量即代表人緣的指標，必須讓自己的歌迷或媒體留下大忙人的印象。當從雜誌上的海報或電視上的影視明星追蹤中，看到影視明星在飛機場的候機室接受訪問，或在行駛的車中用餐的模樣時，常令我佩服明星們刻意地扮演這種繁忙、辛勞的景況。

據說在影劇明星中非常流行使用大哥大。在前往下一個目的地的車中，可以打電話或接聽電話，其實大哥大除了是令人感覺到階級不同的記號之外，也可以說是扮演繁忙程度的小道具。

35 喜歡讓他人看行程手册者的警戒度？

當對方避諱立即作答而推辭說：「其他還有許多人找我談呢！」時，多半是為了表現自己的忙碌而提高自己的身價。

日本曾經有一個網羅電視界的話題叫做「當然可以笑」的電視節目極受歡迎。在這個節目中造成了為數頗多的流行語，不過，這個節目最受人喜愛的是「電話約會」的單元。我想看過的人都知道那個單元是由當天的來賓打電話給朋友，請求其參與翌日的演出。

看這個單元時發現影視明星的談話中似乎有一個共通點。那就是當詢問他的友人：「明天能來參加這個節目嗎？」時，幾乎沒有人會立即回答：「好啊！」常見的情況是回答說：「請等一下，我先看看我的行程表。」稍過一會兒之後才回答說：「沒問題，正好有空。」其中也有人拒絕說：「啊，真不湊巧，從下午兩點開始有其他的演出。」

據說這個「電話約會」單元在來賓打電話之前，已事先由負責人向預定者取得連絡，詢問其翌日的行程而確定是否能參與演出。如果此話屬實，那麼，電視上的這段交涉就顯得虛偽，不過，倒也不難理解明星們之所以不立即回答的心情。因為，立即應允容易在觀衆間造成輕率或閒來無事的印象。相反地，即使正屬空檔期間也可以謊稱：「碰巧行程排得滿滿的。」而佯裝極為繁忙的樣子。

也許這是常被利用於掩飾自己閒得發慌，而令人以為檔期滿滿的方法。在繁忙程度和人緣成正比的演藝界，影劇明星的「請等一下……」將不絕於後吧。

其實繁忙程度與一個人的身價成正比並不只限於演藝界。在商場界忙碌等於能幹也是一種常識。但是，若只在口頭上說著「忙得很……」很容易被人拆穿這只不過是為了佯裝自己的能幹而已。

懂得其中機微的人碰到與對方有所約定時，即使明知當天正有空閒，也會避免立即作答而做確認行程的樣子。甚至會若不經意地讓對方瞧見行程安排得緊湊的手册。然後在對方的眼前填寫約定時間。讓對方瞧見幾無空檔的行程手册不僅能讓對方產生自己是能幹者的印象，也可利用當場記錄約定時間促銷自己的誠實。

甚至也有人並不把約定時間定在下午一點或三點等完整的時間帶，而刻意約在下午一點十五分等不完整的時間帶上，以佯裝自己是多麼繁忙的人物。

36 「因為，那個某某先生說了……」的「那個」要特別小心

當對方過度地使用「這個……」「那個某某某……」等限定語時，最好懷疑其談話並不切實際。

最近也許是反應輕薄膚淺的社會風潮吧，一大堆週刊、女性週刊、情報週刊等如雨後春筍般地紛紛創刊。在衆多的同業中也有行銷業績強勢地拓展的雜誌，不過，其中自然也有不少被迫停刊或廢刊的雜誌。

那些業績節節高昇的雜誌的確有其成長的理由，不過，它們的內容和其他雜誌相較之下似乎沒有特別高人之處。以下隨意撿來數個「標題」，即可發現其中巧妙地隱藏著的騙人伎倆。

「只有這個方法能突破難關」、「令人刮目相看的職員與他人所不同的就在這裡！」、「只要認識這個英文就自由自在」、「從那個打擊中重新振作的途徑」、「×先生的那個財勢有看頭」這些標語使用了許多「那個」「這個」的限定語。「這個」「這裡」「那個」等一般是限定地指稱「這個……」或「那個……」的情況，或者依據具體的既成事實而使用的

語辭。正因為如此，讀者們看到頻繁使用這些「限定語」的標題時，會錯以為其中似乎記載著極為有益的情報。

另外，購買者中有一種情況是即使早已知曉的情報，由於擔心是否其中還有自己尚不明瞭的內容，在不安感的驅使下而購買了雜誌。從這一點看來，雜誌上標題的寫法的確巧妙地掌握了讀者們的心理。

人的心理真的不可思議，在這個情報過剩的情報洪水之中（正因為是情報的洪水），常會覺得唯有自己跟不上時代，感到被淘汰的強烈不安。而掌握人的這種心理的，正是限定語的標題。如果能巧妙地運用此法，即使不重要的事情或虛而無實的情報，也能輕易地令人以為是極為重要、極有內容的東西。

我們在日常生活中也經常說：「既然那個××這麼說……。」只因一個「那個」的限定語我們就能確實地感覺到某某某的過去的分量、在社會上的評價。即使自己並不熟悉對方，一旦被「那個」限定之後會以為彷彿是一個既成事實，而覺得不明瞭其中詳情的自己，反而不對了。

只要反用這個心理而使用「這個」「那個」等限定語，即使並無實質也能佯裝成彷彿確有其事一樣。

37 標題越簡潔越容易囫圇吞棗的心理

當對方彷彿一般常識地批評他人時，乃是具有刻意製造某種形象的企圖。

日本前西武職棒教練廣岡達朗先生常會使不少人反射性地想到「管理棒球」這句話。從選手們的飲食生活管理到其他所有的一切，媒體經常玩笑性地報導其徹底而嚴格的管理方式，所以，廣岡教練彷彿是被貼上了「管理棒球」的註册商標一樣。

從這個註册商標所代表的形象，一般人似乎都認定廣岡教練是個無血無淚、冷酷的人，只要能獲勝在所不惜。

而廣岡教練親自突破這個註册商標的形象是在一九八三年的日本循環賽。當時他一反「管理棒球」的形象，讓選手們自由打擊，令職棒球迷們震驚不已。不過，「管理棒球」的形象依然是廣岡教練的註册商標。因為，一旦被冠上這樣的封號後很難輕易地除去。

從廣岡教練的例子，即可明白冠上註册商標在強調事物的某一面上具有重大的效果。不論實際如何，只要把焦點投注在所強調的面上而引人注目，就可以使其他的側面消沈在意識中。

其中最令人恐懼的例子，可以說是第二次大戰中，日本所標榜的「鬼畜美英」「一億總決起」等的標語吧。當時有不少日本人深信歐美人幾乎都像鬼畜一樣地可恨，整個日本瘋狂地邁進有勇無謀的戰爭中。

如果冷靜的思考，必可發現「鬼畜美英」這個標語極為可笑。但是，一般人面對如此單純的標語時，往往很難注意到其中的矛盾或錯誤，而輕易地囫圇吞棗，這也許是人與生俱有的一種心理傾向。

本來一切事物多半不像商標或標語般地簡單明瞭，而是錯綜複雜地糾葛在一起。但是，人在無意識中卻具有追求可以理清的事物，而獲得安定的傾向，這一點就和容易接受註册商標的心理相通。

這種冠上註册商標的行為也經常被運用在打擊勁敵的場合。譬如，在選舉時向對立的候選人冠上「金牛」政治家的商標而徹底地給予攻擊。藉此不但可以詆毀對方的形象，同時也能令選民以為自己是清潔廉明的政治家。日本人被指責是最迷信商標的國民，總而言之，希望今後能避免再發生類似戰爭中的「非國民」等商標橫行的現象，渴望從執迷於商標下的迷惘中甦醒，大概並不只是筆者個人的心願吧。

38 為何不是「千葉迪斯耐樂園」而是「東京迪斯耐樂園」？

當對方以體面的名稱自我標榜時，乃是具有不願暴露真相的企圖。

東京迪斯耐樂園自從一九八三年開幕以來，即廣受大衆的歡迎，據說除了日本全國之外，也聚集了許多遠自國外而來的遊客。其實東京迪斯耐樂園是位在日本的千葉縣。位在千葉縣卻自稱東京委實奇怪，不過，只要想一想它的名稱若是「千葉迪斯耐樂園」即可明白這個「偽稱」的緣由。筆者曾經在千葉大學任教，因此，並不願意對千葉縣有所批評，但是，千葉縣確實難以否定其具有的鄉村風味。

而且，對位於郊區的人而言，一直認為千葉距離東京頗為遙遠。但是，如果名稱是「東京迪斯耐樂園」即使明白它是位在千葉縣，卻會因這個名稱而拉近與東京的心理距離。同樣地，位於千葉縣成田的「新東京國際機場」也是基於同樣的理由而定的名稱。

從以上的例子即可發現只要稍微改變名稱或商標，即使是同樣的事物也會使人產生不同的印象。也許這可以說是「商標效果」。雖然這只不過是極為簡單的技巧，然而一旦成功效果卻不同凡響。

像東京迪斯耐樂園一樣，假藉其他的名稱而傳承該名稱所具有的形象的例子中，日本「輕井澤」這個地名也常被濫用。如果說是北輕井澤或南輕井澤，不知詳情的人都會錯覺是富豪之地輕井澤的一部分。但是，在不動產公司的極力遊說下購買了位於輕井澤的別墅而歡天喜地時，有時可能是距離真正的輕井澤非常遙遠，而且是在群馬縣的土地。這乃是因為輕井澤是位長野縣。

商標效果之所以能說服人心，乃是因為一般人都具有根據一部分，而類推全體的思考模式。出售新商品時根據名稱的好壞，可能使不足為奇的商品爆發性的成為暢銷商品，相反地，本來是良質的貨品卻乏人問津，這全都是商標效果所造成，而企業的形象也可因為商標的良否而產生巨大的轉變。

譬如，在日本的醬油廠商中，投注全力在一般家庭用醬油的野田醬油，隨著經營的多角化，而判斷古舊的企業名稱已無法吸引現代的消費者，因此，將名稱變更為「龜甲萬」而一舉成功。另一方面「HIGETA」醬油是強調其手工、老舖的形象，因而堅守其故有名稱，結果獲得日本麵食專門店的厚愛。

39 看似清心寡慾的人越是難以對抗的勁敵

當對方大聲疾呼地標榜「為世界、為衆人」的大義名分時，是想令他人以為自己清心寡慾而從中詐取利益。

日本職棒的落合博滿選手是在棒球界高居薪俸首位而聞名，其實力的確非同小可，同時也是衆所周知的與球團交涉年薪的名人。

某年他因為要求大幅度的加薪而與球團處於敵對的態勢。當時，落合選手在記者們的重重包圍下所發表的言論頗饒興味。

「我並非只為了自己而要求加薪。我是希望提高在職業棒球界工作的人的年薪水準，因此，我不得不堅持……」

筆者在此並非有意責難落合選手。身為職棒選手當然會努力地為自己的年薪錙銖必較，不過，我想說的是落合選手的這番說詞巧妙地掩飾其私慾，的確令人佩服。換言之，他是把年薪交涉的個人問題機伶地轉變為全體職棒選手們的問題。

在日本人的深層心理上具有認定為公而犧牲己私為高風亮節的傾向。戰爭中有不少年輕人「為了國家」而死於戰場。現在有許多的上班族「為了公司」而站在企業戰爭的第一線上苦幹爭奪。

「捨己為公」的古老傳統仍存活在現今的社會中。正因為這種精神不滅，一般人很容易落入超越個人的利害關係而強調社會意義的做勢的陷阱中。

「人類都是兄弟」或「小心門戶、小心火燭」等的廣告，事實上在其背後都隱藏著「請來競艇」的利益誘導。

但是，一般人看到「人類都是兄弟」「請孝順父母」等，強調社會意義的公益CM時，往往不認為它是一種商業廣告，而錯覺地認為是社會理念的宣傳。

在企業中也巧妙地把這個技巧運用在職員的心理操作上。從前有一個以訪問販賣為主的營業活動，而急速成長的化妝品公司。該公司的創業者也是其會長，告訴推銷員們的是一番大義名分的內容。

「我們絲毫沒有利用出售商品而從中謀利的念頭。我們只是想幫助各位女性們能擁有健康而幸福的生活。」

而在其社內報刊上也刊載著，因為從事化妝品的推銷活動而身體變得健康，或者使朋友因而變得幸福等令人喜悅的經驗談。但是，該公司絲毫沒有忘掉生意買賣的根本，這一點只要從該公司的化妝品比其他公司的製品價格高過兩倍以上，即可明白。這些不合理的現象都可以因為高揚著「錦繡的旗幟」而雲消霧散。

40 斷絕一切情報使其唱獨腳戲

當對方三緘其口不做任何表示時，是企圖使你陷入不安而落入他的掌握中。

因勞資爭議而鬧得不可罷休的某企業在社長交替之後，嚴重的狀態突然出現了轉圜的餘地。其實這當中並沒有運用任何的秘法或發動強權的壓力。據說只不過是保持沈默而已。傳聞這家公司的勞工公會態度強硬，連團體交涉也毫不讓步。前任社長在團體交涉的途中不支倒地，而勞工公會方面更是一副拭目以待的架勢，浩浩蕩蕩地前往新官上任的社長住處進行團體交涉。但是，這位社長一句話也不說。經過兩個鐘頭、三個鐘頭後依然三緘其口。即使勞工代表發起狠來抓住其頸項吆喝，也徹底地保持沈默。

在新任社長一連十個鐘頭不表示任何意見時，勞工公會的代表們各個莫可奈何只好退敵。新社長爾後的團體交涉也依然保持沈默。不久，勞工公會中有人認為：

「搞不懂那個社長在想什麼。一定是設下可怕的陷阱。」

結果終於由勞工公會方面主動提出妥協案，而了結了一場激烈爭議。

對這位社長而言，沈默的確是金。沈默會增強對方內心的不安，陷入自我綑綁的境地。

因為，利用沈默可以斷絕對方的一切情報。情報不足或情報的斷絕會使人的情緒變得焦躁。譬如，罹難事件中的家屬若沒有獲得來自現場的情報會陷入狂亂。同樣地，當對方保持沈默，沒有提任何情報時，反而會使自己胡思亂想。但是，人的胡思亂想也有其限度，不久會因不安的情緒漸漸地增強而陷入不利的狀況。

不動產推銷員的高手們似乎也經常使用「沈默是金」的心理作戰。譬如，招待顧客到現地觀賞之後在回家的途中一句話也不說。因為，如果由推銷員主動詢問顧客的意向反而會使顧客產生警戒心。但是，一直保持沈默時會令顧客漸漸地感到不安。

這時顧客在腦海中會胡亂地想像一些問題，諸如：「為何不向我促銷？難道是我們自己有問題？」當顧客忍不住開口問道：「那個不動產……」時，推銷員才打開金口回答，不過，到了這個地步已完全落入推銷員的掌握中了。

相反地，有些人一旦陷入窮途末路般的景況時，會一再地表達自己的意見。以當事者而言也許是為了辯解或以巧妙的言詞來打圓場，但是，話說得越多越容易露出破綻，而使對方趁虛而入。

結果使自己的立場更為不利，終於導致全面性地承認自己的過失而退散的勢態。

這種人最容易受騙上當③ 愛慕虛榮

你是否也有這樣的經驗？當您到國外旅行時在馬路上被外國人以英語搭訕，結果頗為得意地與對方暢談起來。就在這個途中被扒了錢或被誘導到一個詭異的場所，糊里糊塗地就受騙上當了。這乃是因為可以用英文和外國人交談的虛榮心受到挑逗，因而放鬆對前來搭訕者的警戒心所造成的。

人對於讓自己產生優越感的人很容易消除原有的戒心。愛慕虛榮的人更具有這種傾向。由於非常擔心唯獨自己趕不上時代或落於人後，因此，當有人把自己當成同伴看待時會無條件地信任對方。換言之，愛慕虛榮的人其實不過是一些懦弱的人。女大學生或ＯＬ對流行趨之若騖，希望自己和他人有一樣裝扮而不願落人後，這和不願意離群索居的幼兒心理並無太大的差別。

推銷員也會利用這種心理煽動顧客的「離群索居意識」，譬如，他們會說：「大家都已經在使用了啊！」或者在說明時頻繁地使用「這個」「那個」等指示語、限定語，彷彿這乃是衆所周知的事情一樣。愛慕虛榮的人即使碰到自己並不熟悉的事物，也會謊稱內行而主動地隨聲附和。

第四章　烏鴉也可以天花亂墜地說成白鷺

——利用虛而不實的理論巧裝正確的伎倆

41 以「三個問題點」來推論使談話顯得合情合理的神奇

在例舉式或三段論法等乍聽下，似有其理論性的說服中多半隱藏著矇騙或矛盾。

「這個問題有三個重點。」「以這個例子為例有三種研究的方法。」諸如這般以「有三個問題點」為開場白的談話，我個人都會小心謹慎地注意聽。因為，這種方式的談話中經常隱藏著理論上的陷阱。

「有三個問題點。第一是……、第二是……、第三是……」這種方式的談話如果不注意聽，會顯得極有理論性，很容易毫無防備地全盤接受。因為，諸如天、地、人、佛、法、僧，過去、現在、未來，智、情、意等，自古以來概括性地縱觀事物時，三個數字的確扮演著極為重要的角色。換言之，一般人具有從三個側面來思考事物，即錯覺已經對該事物通盤地探討過的心理特性。

正因為如此，一旦聽對方說：「有三個問題點。」就很容易認定該問題的一切已全數談及，而且整理得脈絡有序。不過，問題點果真只有三個嗎？如果仔細地分析有不少情況多半隱藏著不可勝數的問題點或異論。

但是，把問題點濃縮成三項就把其他的問題或異論「割捨」掉了。而且，有時最重要的問題是隱藏在所舉的三個問題點之外。

話雖如此，一般人聽到對方斷然地指出「三個問題點」時，若不心存警戒地注意聽對方的談話，很容易就真的以為問題只有三個。這可以說是一般人所共同的心理弱點吧！

不僅是「問題點有三個」的陳述方式，越是具有理論性又明快簡潔的談話，多半隱藏有陷阱。譬如，「英雄好色。我喜歡女人。所以我是英雄。」這種所謂的三段論法可以說是最好的例子。

當然，如果是這種程度的三段論法，也許一眼就令人拆穿「我是英雄」的結論有何不妥。但是，如果說：

「日本是海岸線極長的島國。海岸線長的國家遭受外敵攻擊時很難防守。所以，日本應該利用核子武器做武裝。」

聽到這樣的論調時也許就有點難以反駁吧。越是非理論性的談話越會為了掩飾其中理論上的矛盾或不實，而冠上這類乍看之下顯得有條有理的假面具。

42 在談話中引用數字以表現客觀性

如果別人的談話中常有數字的依據時，應懷疑其談話的內容過於偏頗不當。

「有三成的現代家庭沒有使用菜刀」——某報紙的專欄曾經刊載令人稍感意外的這則消息。在速食品充斥餐桌上、快餐食業大為興隆的現在，這段記事中的「三成」這個數字的確足以令人信服。

閱讀這段記事的讀者一定有許多人對現代年輕人的作為長噓短嘆不已吧。

但是，對這個資料極感興趣的某電視台甚至還組成了企畫小組，開始追蹤這個消息的來源。首先詢問該專欄的作者是從何人口中得知「三成之說」，結果如拔藤蔓般地追溯這個情報的根源時，發現所謂的「三成之說」，事實上只不過是某個人的錯覺，所產生的毫無根據的話題。

換言之，不論是寫該專欄的作者或讀者都上當受騙了，但是，人們相信這種毫無根據的話題並且以訛傳訛，也許全都是「三成」這個數字的魔力。

利用統計數字而使對方陷入五里霧中的評論家或政治家中，也有人頻繁地利用統計數字而博得衆人信賴，即使還不至於說謊的程度，然而利用數字的運用，的確可以獲得他人的信服。因為，任何人都具有所謂的「數字信仰」。

誠然二加二等於四是明明白白的真理，毫無主觀干涉的餘地。但是，如果因此而認為所有的數字並無主觀插足的餘地，可是一個極大的錯覺。

以電視的收視率為例，收視率的高低似乎關係著主其事者的飯碗問題，不過，收視率的數字所代表的意義並不像算數的答案一樣，是絕對可信的真理。有些家庭沒有人看電視也會一直開著電視，而有些家庭會互相地批評電視節目。但是，如果電視台把收視率當做至高無上的依據，視聽者等於是欺騙了電視台。

其實所謂數字乃是人從其中判斷其涵意。換言之。當提出某個數字時其中已包含有提示者的主觀。如果不瞭解其中的根源，而認為數字永遠是客觀性的評價，那麼你早已落入對方的掌握之中了。

43 「我絕對不說謊」

當對方使用「完全」「全部」「絕對」等的完全否定、完全肯定語時，最好只信其談話中的一半或十分之一為妥。

在這個世界上有形形色色的雄辯家，其中稱得上最古典、典型的雄辯家的類型，可以說是衆多政治家所代表的「自信家類型」吧。

聽這些人的談話總令人以為世間諸事似乎並無不可理解或難以抉擇之事，這一點委實奇妙。因為，他們針對可能只有一個的真理，以完全不同的主張自信滿滿地大談闊論，表現出義正詞嚴的模樣。

和政治家類型同屬一類者何以會顯得自信滿滿，讓人以為所傳達的情報似乎屬實而堅定呢？其原因之一也許是在他們的談話中經常使用「絕對」「一定」「百分之百」或「全」「總」「都」等全部肯定、全部否定的斷定語吧。日本某政治家在選舉的戰局火熱化之時經常反覆地主張：

「我只要說過要做的事一定做。」

「我絕對不負衆望。」

「我向天地神明發誓，絕對不說謊。」

以這種論調向各地的選民遊說而造成話題。

雖然我們聽到這類發言會懷疑一切事物難道可如此單純地斷定嗎?卻又漸漸傾向於「也許……」的念頭。以完全肯定、完全否定等斷定式的表現法所傳達的情報遠比曖昧不明的情報所具有的傳達力及說服力要來得大。

從前在調查日本新潟地震的謠傳度時，「全壞」「全滅」「全燒」等斷定表現的謠言所具有的傳達力最強。因為，「部份崩壞」和「全壞」、「似乎崩壞」和「已經崩壞」對情報接受者所產生的印象的強烈、準確性有極大的差別。

企圖欺騙他人的人都會巧妙地利用這類人心的盲點。

當我們看見「買了絕對有利」「完全……」「××完備」「成功率百分之百」等利誘人的措詞或過於確信的斷定表現，應該懷疑這無非是不確實的事物佯裝有憑有據的技巧而已。不過，告訴六神無主的應考生說：「你絕對沒問題!考試必中!」令他們把不確實的情報信以為真的「欺騙的心理術」極有助於加強考生的信心、為他們打氣吧。也許這遠比「雖然無法斷言絕對沒問題……」的說詞，較能令考生們覺得有受騙上當的價值。

44 利用超然立場使問題不了了之

當對方刻意地主張時間的限制時，應看準其想要使問題無疾而終、付諸流水的企圖。

據說一九八三年底的日本自民黨總選舉敗北的原因，乃是選舉日設定在歲末。根據謠傳當時的首相中曾根主張過年之後再舉行選舉。雖然事實與他的主張相背，不過，如果他真的認為選舉應在年初舉行，應可稱得上是位智者。

因為，以日本人的習性而言，隨著除夕夜的鐘聲響起，會想把當年一切不快的事情忘掉，以另一番嶄新的心情來迎接新年的到來。

也許當時因田中角榮問題成為衆矢之的中曾根首相，是想利用日本人的這種感情，藉著過年而讓一般民衆把田中問題拋諸腦後吧。雖然田中問題尚未水落石出，不過，中曾根似乎想利用一年的結束而使選舉的戰況朝有利的方向進展，然而卻事與願違。

在年尾算一筆總帳，以嶄新的面貌迎接新年的日本人的心理和「一筆勾銷」或「已經祓禊」的判斷方式是共通的。不快的事情縈繞心頭總令人不快，最好以某個機會來緩和情緒緊張。就在這個時候過了年或「已經祓禊」，不如就把這些不快的事付諸流水一筆勾銷吧。人很容易在超越理論的感情世界畫分界線。

這種感情理論似乎是日本人獨特的文化。這乃是能夠輕易地寬宥「不知不覺中而……」「突然失去正常……」「一時興起……」等，在某種因緣巧合下所犯下的罪過的「感情」世界。相反地，生活在一切講理的世界的歐美人，就不會有這樣的行為。

他們的個人主義極為徹底，不論任何行動都不受到干涉，但是，卻鮮少因感情來矇混每一個行動所應有的責任。譬如，在德國交通管制極為嚴格，如果速度限制是八十公里，只要超越一公里就要罰款。其中並無任何寬容的餘地。

各個國家對於立場的畫分方式各有不同，而日本人大概是最曖昧不明的民族吧。正因為如此才有所謂的「忘年」之舉，這是日本獨特的釐清界線的技巧。

日本職棒的契約更新也在年底舉行，這時我們會聽到某些選手說：「我不想拖到過年，所以，雖然有所不滿也蓋了章。」這也可以說是巧妙地利用日本人在意「時間的段落」的心理例子。

45 迫使對方從二選一以誘導對自有利的答案

當對方要求從二選一時，應懷疑對方是否有意隱藏事實上存在者的第三個選擇法的企圖。

據一對朋友夫婦所言，有一次他們到某餐廳用餐，在他們用餐將要完畢時，服務生彷彿俟機以待地走近桌前來，向他們詢問說：

「我們備有哈蜜瓜和水果凍的點心，請問您要那一種？」

我的朋友聽服務生這麼說，即輕易地回答：「那麼，就來一客哈蜜瓜吧。」當所指定的哈蜜瓜送來時，我的朋友才覺得上當了。因為，他和他的太太早已酒足飯飽，一點也吃不下了。

那位朋友事後告訴我，當服務生詢問他們時，其實可以立即回答：「不要點心。」但是，不知何故當時卻沒有想到「不要」的回答。

當然，這位朋友如果被問及：「請問要不要點心？」也許會稍做思考之後再回答：「不要。」其實「要哈蜜瓜或水果凍？」的選擇應該是在「要不要點心？」的選擇之後，而這位服務生的手腕之妙乃是省略掉第一階段的選擇，而突如其來地向顧客遊說第二階段的選擇。

換言之，當一般人被問及：「是要哈蜜瓜或水果凍？」時，會忘記在此之前應有的「要或不要」的選擇，而錯以為必須從這兩個選擇中選擇其一。

若要認識人所具有的這種心理，足供各位參考的是堀川直義的實驗。在這個實驗中首先讓受驗者看一張圖畫，接著再根據該圖畫的內容提出問題。而根據詢問的方式正確答案率有顯著的變化。

譬如，圖畫中有個時鐘指著十點，而「時鐘是幾點鐘？」的詢問方式所獲得的正確答案最多。但是，如果問：「時鐘是十點或兩點？」時，正確答案率即顯著地降低，據說當問及：「時鐘所指的是九點或三點？」時，幾乎沒有人能正確地作答。

換言之，被指示錯誤的選擇內容的受驗者，即使扭轉自己的記憶時鐘，也會誤解必須從所提示的選擇中做出正確答案來。

諸如這般利用從二選一而令對方誤會以為已沒有其他選擇法的技巧，如果只運用在選擇點心的問題倒令人感到手腕靈巧而佩服，不過，如果有關戰爭的勝負與否則是個天大問題。

為了不被這種技巧所矇騙，希望各位能隨時保持冷靜，知道除了勝或負的選擇之外還有另一個「和平解決」的方法。

請注意這種伎倆

當對方親暱地談論著名人士的事情時，就會以為對方也是著名人士。

如果對方表現出經常在一流餐廳走動的樣子，會錯覺對方也是一流人物。

■覺得「這個人靠得住」時——

當對方反覆地宣稱「將來要成為議員」時，
會使人覺得現在就像議員那麼偉大。

讓人瞧見寫得密密麻麻的手册或行動電話時，無
能的庸才也會令人以為是能幹的俊秀。

46 表現謙虛的態度以標榜誠實

當有人拒絕對自己有利的話題時，在佩服對方不愧是大人物之前可要仔細地觀察他是否熟知人類心理的人物。

對上班族而言，如何向公司推銷自己乃是極為重要的問題，而其推銷方式如果不當，恐怕會被認為是乖桀不遜的態度。如果能夠被上司認定是「有實力又謙虛的人」，今後的上班族生涯則有如平步青雲，但是，反過來說如果真的是態度謙虛的人，則可能向上司推銷自己。如何恰到好處地推銷自己，乃是勝負的關鍵。

日本作家深田祐介曾說，推銷自己的方法乃坦率地接納自己所不願意的工作。譬如，碰到被調到窮鄉僻壤的營業所在，或在比自己年少的上司手下工作等情況，最重要的是表示坦率應允的態度。

相反地，如果接到調職巴黎或紐約的分公司等任何人都趨之若鶩命令時，必須表示拒絕。拒絕這種人事命令大概會使人事課員大感憤怒吧。但是，辭退此道命令的人不出多時會受到極高的評價。當再次被遊說時才表示首肯，不過，這和一開始即願意接受的態度，所獲得的評價大不相同。

人都具有叛逆的心理，當對方施壓則表示反駁，退讓時則要拉他一把。戰時學徒出征而編列入近衛輜重連隊的鈴木三郎助（現味素會長），其後畢業於陸軍經理學校而成為經理將校要員。鈴木將從這個經理學校畢業時，被上級指示：

「軍中也有淚。各位軍官請寫下自己的志願軍旅。」

結果他和同伴商量之後寫下「緬甸戰線」。據說自願到緬甸的人結果全體被編配在安全的內地，而逃避到外地勤務的人，反而被指派到危險的戰區。由此可見軍隊之中也有「叛逆心理」。

渴望自己永遠處於有利的立場乃是一般人的心理。正因為如此，斷然地表示拒絕時反而會獲得意想不到的評價。而最重要的乃在於拒絕的方式。

「我不喜歡這個提議。」這種表達法只會產生反效果。最好的拒絕法是謙虛地表示：「我還沒有這個資格。」

譬如，職棒選手野村克也在現役時代曾揚言：「一生一世當一名捕手。」使得球迷大為感動。也許野村真的具有不求地位、名利只顧克盡職守的忠誠，不過，他表示拒絕的美學使他更為引人注目，而受到更大的評價。

47 「不必忙成這個樣啊！」其真意乃是「再加把勁！」

當對方的說詞異於往常時，極有可能是要利用你的「叛逆心理」。

被要求「趕快用功！」就唸不下書。被限定「未成年者不可抽煙！」就忍不住想偷偷地抽煙。這種行為並不只限於兒童、青年。

一般人受他人指示或命令時，本能上都會產生反駁。

日本演劇圈名人青島幸男就曾經反用這種人的心理。他曾經參與選舉而他的選舉活動可謂率性自為，對於候選人經常舉辦的演講或街頭遊行等活動，一概不聞不問。他曾經在某次的選舉中公然地宣稱：「我並不願意要求不向我投票的選民投我一票。我也不願千方百計地向各位選民懇求而當選。」然後何其瀟灑地到國外旅行。結果竟然高票當選。這可以說是巧妙地反用選民心理而一舉成功的選舉活動。

據說東京迪斯耐樂園的園內沒有煙灰缸。當遊客詢問工作人員：「這裡是禁煙嗎？」據說他們的回答是：「不，我們並不禁止。可以抽煙。請把煙蒂丟在地上。」

但是，環顧四周地上根本沒有煙蒂。似乎是清潔員認真而仔細地掃除垃圾、煙蒂的緣故，當想要抽煙時倒掛意起將煙蒂丟棄在這一塵不染的地面上了。事實上，在東京迪斯耐樂園內吸香煙的遊客比想像的少，也許是這種心理的反應吧！平常毫無忌諱地丟棄煙蒂的小惡，因他人的允許而公然化時，反而會心起警惕而不隨意亂丟。

對兒童的教育若只是一味地採高壓姿勢叫孩子們用功讀書，只會得到反效果。有時不妨告訴孩子們：「好好地去玩一下吧！」遊戲和丟棄煙蒂雖不可相提並論，同樣地，卻會使孩子因為獲得允許而不敢盡興地玩樂。

如果你是身為統率工作的上司，一定會明白對部屬大聲怒吼並無法提高部屬的工作效率。您不妨偶爾告訴部屬說：「何必這麼認真呢？」身為上班族都知道業績等於報酬的法則，上司寬宥的言詞反而會激起他們的衝勁。

當渴望對方做某事，尤其是不願意傷害對方的情感時，試著不留痕跡地提出違心之論，也是極為有效的「正面的騙術」。

48「禁止未滿十八歲者」乃是宣傳文句

對方對眼前的事物表示禁止，事實上並非禁止而是有意煽動你的慾望。

與日本節目同出一轍的美國版的整人鏡頭的節目中，據說有一個單元是在牆壁貼上「不可窺視」的告示，而從洞內拍攝通行者的模樣，結果通過該處的人都會探頭一看究竟。

一般人遭受禁止時，就會出現想要突破禁令的「叛逆心理」，當禁止的程度越強時，內在的渴望就更為強烈。

以切身的例子而言，一般的三級片電影都特別規定「禁止未滿十八歲者觀看」，結果使未滿十八歲的青少年們莫名的渴望能一睹為快。另外，飲酒或抽煙也都因為設下了「二十歲以上」的限定條件，而使得青少年學生躲在暗處飲酒或私下抽煙。他們與其說是渴望飲酒或抽煙，毋寧是為了獲得突破禁忌的快感或在同伴之間虛張聲勢的緣故。

也有人反用人的「叛逆心理」而在生意上大獲利市。舉例而言，在日本東京的新宿有一家生意鼎盛的燒烤店，據說這家是不讓生客上門。每當顧客在店門口畏畏縮縮地詢問：「今天能讓我吃嗎？」店老板會一副不耐煩的口吻回答說：「現在已經客滿了。」顧客只好悔恨地環視著還有充分座位的店裡，期待著下一次能入內飽餐一頓而回——。

也許有些人會認為這簡直豈有此理、無非是欺騙顧客的買賣，對於這種經營方式感到憤怒，但是，這家商店卻沒有因此而失去顧客。據說燒烤店的口味良否並非關鍵所在，卻因為這種待客之道而獲得「風味絕佳的一流燒烤」的風評，每天都是車水馬龍的盛況。

我們不知這位經營者的本意何在，但是，唯一可確定的是，也許是利用顧客被拒絕的心理，而使顧客更執著於該燒烤店吧。

另外，據說日本某家以年輕人為主顧的雜誌，因為將有關性的報導做成「密封頁」而爆發性地大為暢銷。

從前在婦女雜誌上也有這類「密封頁」的編排，有些人在書店的店門口被這樣的標題所吸引，而隨意拿起該雜誌瀏覽，卻無法看見封密頁的真貌。正因為看不見使得讀者們對於其中可能令人嘆為觀止的內容的期待感大為高漲，忍不住非得一睹為快不可。

也許是在這種期待感的驅使下，這個以年輕男性為主顧的雜誌所推出的「密封頁」刊號，也成為中年人搶購的對象。倒不知他們買回這本雜誌到家中切開那密封頁後，是否能充分地滿足自己的期待？

49 利用「啊！飛碟」岔開話題的「欺騙話法」

當你正熱衷於某個話題時，必須注意避免讓方突如其來地改變為另一個話題。

在電視上觀看議會的質詢問答時，經常看見執政黨的官員面對在野黨議員的嚴厲聲討，不慌不忙地把話題岔開的情景。

「有關這個議案，正如議員先生您所提議的乃是理所當然的事，不過，在此我們先來談那一件……」「誠如您所言是極為重要的問題，因此，請讓我們仔細地調查之後再做回答，在此之前……」「您的談話暫且告一段落，我們從另一個觀點來看……」

視聽者必可發覺議會中的質詢有許多是巧妙地岔開詢問的主旨，而誘導對自己有利的結論的答辯，這是一種「轉話法」的作法，當話題可能轉向對自己不利的方向時，即改變話題的技巧。政治家可以說是這種「欺騙話法」的專家。

人的思考型態具有某些特點。當人處於極為緊迫的心理狀態時，一旦聽到表示另一個趨向的一句話時，不知不覺中會把注意力轉移到該處。這個現象在情況越為緊迫時越為顯著。

據說騙人巨額錢財的詐欺者碰到被迫償還借款時，會巧妙地把話題轉換為另一個從中謀利的話題，而再次令對方上當。這雖然令人難以置信，然而如果是轉換法的高手，一點也不費吹灰之力。

這種心理技巧乍看之下彷彿是欺騙兒童的玩意兒，事實上，當對方的語氣尖銳咄咄逼人地緊追不捨時，或對方專注地投入於某一個話題時，具有出乎意外的效果，在霎那間可以使對方的情緒大為改變。

譬如，當小孩使命嚷嚷著要玩具而拿他沒辦法時，突然伸指朝向天空說：「啊，飛碟！」這句話就足以岔開兒童的關心。我個人將此稱為「對話的ＵＦＯ戰法」這可是相當符合心理學要素的高效果的技巧。

這個戰法的應用法是托詞說：「等一下……」「雖然可能沒什麼關係……」而順勢從主題轉移到另一個話題。譬如，在商談或會議中想要貫徹自己的主張或意見時，利用轉話法插上一句話做為銜接，使對方的注意力轉移到自己的談話中。而且，使用這個方法可以令對方毫無抗拒地接納。

50 分別之際乃是欺騙之時

對方在分別之際所說的最後一句話雖然令人滿意，卻不可因此而忘記在此之前自己所承受的不利條件。

以下是某雜誌記者前往採訪山多利的左治元社長時所發生的事。在無數次申請採訪之後，對方終於騰出時間讓記者到總公司拜訪。但是，簡短的時間內並無法隨心所欲地進行採訪，那位記者心有不滿地告退。當他表示謝意而離開社長室時，社長親自到電梯前送行，而且看見電梯門將要關閉時大聲地對電梯內的人叫嚷著說：「喂，客人要回去了。幫他打開門好嗎？」據說因為這句話，這位記者對左治佩服五體投地。

另外，松下電器歡送到總公司工廠參觀的來客時，所有負責人會一併站在大門口保持鞠躬的姿勢，直到來客的汽車消失為止。碰到這樣的禮遇即使在參觀的途中有所不快，大概也不會讓顧客帶著不良的印象回去吧。

相反地，因最後一個不愉快的事情而把原有的愉快氣氛化為烏影的情形時有所見。某次，我招待朋友到一家法國料理店用餐。法國料理美味可口，服務生的服務也極為周到，朋友和我都感到心滿意足。但是，最後結帳時櫃台卻把鄰座的菜單弄錯而向我請款。即使我指責其中的錯誤，也頑固地要以自己的結帳為準。當店長出來檢查之後才證實我的主張是正確的，不過，我已經不想再去那家店用餐了。

人的記憶中有所謂的「系列內位置效果」。譬如，在一連串的事件中接受著對於最初、中間及最後所承受的印象有極大的不同。一般而言，強烈地殘存在腦海中的記憶或印象是事件的最初和最後。尤其是最後的霎那，所承受的印象最為顯明而強烈，會左右整體的印象。

以左治元社長或松下電器的例子而言，他們可以說是依據這個記憶的「系列內位置效果」而做的顧慮吧。

據說在美國某零售連鎖店對售貨員的待客之道有一個特別的指示。當顧客購買商品之後不僅低下頭來向顧客致謝，還要附帶一句讚美顧客的購買方式，諸如：

「您的選擇真有一套。」或「接到這份禮物的人一定會覺得高興。」

因為這句讚美的話，使顧客帶著愉快的心情離開。

想要制伏對方卻又不願意破壞人際關係時，首先徹底地說出真心話，指責對方的缺點之後，最後再附帶一句讚美詞說：「但是，我還是非常感謝你。」因為這句話會消除前言的印象，讓對方只留下好感。

51 反用反對的理由，使人以為是可以贊成的話題

當對方把你的繁忙、不適任、資金不足等說成彷彿是好條件時，多半是處於無論如何不想被拒絕的緊迫狀況。

某從事研習會錄影帶製作等代理各公司做職員教育企劃、實施的公司，曾要求某大企業的人事部代為兼修有關女職員教育的活動。該大企業的人事部判斷這個提議具有提高企業形象的優點，而決定答應這項請求。人事部長也表贊成，就要付諸實行時卻出現意外的障礙。當人事部長向上級報告這件事時，上級面有難色的說：

「我們公司的女職員教育那足以成為其他公司的範本。身為負責部門的最高責任者的你，應該最清楚這件事吧。」

但是，這件事早已和對方取得協議，並且已有相當的進展，並無法輕易地毀約。然而事到如今也無法扭轉上級的觀念。

碰到這個景況，人事部的部員們大傷腦筋，結果有位職員提出意見說：

「正因為有這個話題，不正表示已經要重估現在的女職員教育嗎？」

換言之，既然女職員教育有如上級所指責般地不好，才應積極地參與女職員教育為主題的活動，進而改善自己公司的教育。結果這個反用上級的觀念的論法一舉成功，不僅順利地實現這個活動，爾後據說在公司裡還舉行各種有關教育的宣傳，從中產生了各種利益。

從對方反對的理由中找出使其表示贊成的另一個理由的這種技巧，若能妥善地運用，即可產生類似前例的正面效果。但是，如果給予惡用則隱藏著使人誤以為自己的反對意見被採納，事實上卻誘導出完全相反的結論的危險。

筆者經常被內人責難是爛好人，經常在不知不覺中應允本來因繁忙、不適任為由而拒絕的請求。而這當中有不少是隱藏著依賴著利用類似巧妙的伎倆所造成。譬如，我以繁忙為由拒絕演講時，對方會說：

「正因為多湖先生您是各界爭相邀請的忙人，我們才特地邀請您來演講。」

當我以自己不勝任為由拒絕時，對方又會說：

「我們希望能聽到和所謂的適任者所不同的觀點的演講。」

結果令我想不出暫時給予拒絕的理由。

反對理由，事實上具有可以反用為贊成理由的可能性。

這種人容易受騙上當④　發牢騷者

各位是否看過漫畫小叮噹的作者藤子不二夫先生的暢銷漫畫『歡笑推銷員』？故事的情節是一位來歷不明、一身黑服的推銷員，會以巧妙的言詞接近內心有煩惱或不滿的人，為他們解決問題，但是，最後一定會碰到……。

這位穿黑服的推銷員所接近的多半是在酒吧對公司的主管或公司的方針大發牢騷的人，但是，對於詐欺的老千而言，愛發牢騷著遠比坦率地聽從他人談話的人更容易落入其圈套。發牢騷者的猜疑心強，不論對方說什麼總是一副不置可否的樣子，所以，讓人以為並不信任他人的樣子。但是，正因為他們內心蓄積著許多的不滿，必須隨時尋求宣洩口。只要能傾聽他們的不滿就能使他們產生同伴意識。一旦讓他們產生同伴意識，爾後就任憑詐欺者的料理了。

發牢騷這種行為也可以說是自己不積極地對問題的解決採取行動的證明。因為自己無法解決而渴望他人伸出援手。換言之，彷彿是在自己的背後貼上寫著：「我什麼都不會，有沒有誰願意幫助我。」的貼紙。希望讀者各位們也應充分地留意不要讓自己的背後彷彿貼上一張寫著：「我是凱子」的標語。

第五章　以小誘大，放長線釣大魚

——以小滿足令人忘記大不滿的伎倆

52 以眼前小利為誘餌令人忘記「真正」的要求

當對方坦率地應允眼前的小要求時，極可能是要令你忘記有更重要而大的要求。

我曾經在計程車內聽計程車司機告訴我一個頗饒興味的事情。據說乘客之所以會忘記不應該遺漏的大行李，或何其重要地抱在懷裡的行李，多半是在趕時間或尋找目的地的時候。當乘客到達目的地時，所產生的安篤感紓解了原本警惕自己不要遺漏行李的緊張情緒，而在不知不覺中掉了東西。這是一種「緊張緩和」，人一旦滿足眼前的慾求時，往往會有忘記未來目的的傾向。

另舉一例。從前，某屬地不耐饑餓之苦的農民到府衙要求政務改革。如果給予處罰將會造成農民一致的反抗。因此，腦筋機靈的官員說：「我們慢慢再談吧，你現在肚子餓了吧。」首先讓農民飽餐一頓。然後接受他們的談判，誠懇地說明該屬地財政的窘狀而斥回農民，圓滿地解決了這場糾紛。

雖然並不會因為一頓飯就把農民們平日的不滿一筆勾消，不過，唯一可確定的是至少因為這個處置使得這位農民體會了暫時的滿足感，而有寬裕的心情聽從官員的說服。

從前，德國的摩托車廠商在推出新車時標榜，「敝公司的摩托車堅固耐用」的宣傳廣告。但是，當時正值汽車開始普及的時期，摩托車根本賣不出去。美國的心理學家狄費特受這家廠商之託，實施了消費者的「深層面談」。結果有許多消費者反應當聽到「堅固耐用」的宣傳文句時，彷彿是被人命令「永遠騎摩托車」。換言之，消費者無意識中渴望搭汽車的願望和這個宣傳文句產生了衝突。

因此，狄費特心理學家建議在摩托車上添加汽車的警笛，使摩托車帶有汽車的特性，並付諸實行。結果重新設計的摩托車爆發性地成為暢銷商品。雖然無法滿足消費者渴望擁有汽車的本來慾望，卻成功地利用最切身的「機能的類似性」使其獲得滿足，而暫時忘記他們本來的慾求。

當兒童死求活賴地想要昂貴的玩具時，利用這種具有「機能的類似性」的身邊事物滿足其眼前的慾求，即可暫時地讓他們忘記本來的慾求。利用「欺騙伎倆」轉移目標，往往比當頭棒喝地壓抑其慾求的效果要好。

53 謊言是「小」能兼「大」

當對方坦率地承認自己的「小惡」而表示謝罪時，事實上是想要掩飾其背後的「大惡」。

一位以獨家拍攝的照片在媒體界成為紅人的攝影師說：在禁止攝影的場所可利用一點技巧把照相機帶進去。方法是刻意引人注目地，在肩上披掛著照相機走進禁止攝影的場所。管理員自然會瞧見，這時只管順服地聽從對方的吩咐，把照相機交給對方保管。

事實上，這是做為掩飾用的照相機，在口袋裡藏有一個拍攝用的小照相機，除非特殊的情況否則絕不會被搜查「第二台照相機」。

利用「供人觀看的照相機」矇蔽管理員耳目的伎倆，乍看之下似乎不足為奇，其實這也是抓住人類心理弱點的方法。因為，人帶著緊張情緒處理某事時，一般完成任務後會在霎那間鬆弛了原有的緊張感。以這位管理員為例，取締「供人觀看的照相機」等於完成了取締照相機帶進禁地的一項工作。因此，管理員的警戒心鬆弛，根本想像不到對方還會準備另一台照相機。

如果是狡猾奸詐的人，有時會利用人類心理的這個弱點，刻意地準備讓對方察覺的小惡，而隱藏其預謀的大惡。據說在居心不良的逃稅者中，有些人會故意在帳簿上做單純的過失。當稅務機關發現這個過失時，對方即坦率地認同自己的過失，並且答應做修正後再次申告。如果是經驗不足的稅徵稽查員會因為揭發了這個「小逃稅」而感到滿足，結果忽略了其中所隱藏的「大漏稅」。

另外，曾經有一件撒天下之大謊的詐欺事件。有一位顧客從古董美術商手中購買了一個價值一千萬日圓的古瓶，結果發現竟然是個贗品，顧客憤怒地責備這位古董美術商時，對方一再地表示道歉，並巧言令色地向顧客推薦說：

「實在非常抱歉，給您添了痲煩。這一次絕對不會再弄錯東西了。」

而以另一個價值三千萬日圓的古瓶贗品交換了前述的贗品，事後即消聲匿跡。以這個案件而言，被害者也是因為對方承認自己的過失而鬆弛了原有的警戒心，結果讓對方趁虛而入。這無非是認為不可能再騙第二次的心理，以及自己已經看穿一千萬日圓的謊話的一種優越感所造成的空隙。

由此可見，在輕易地可以識破的「小惡」中，也許隱藏有必須警戒以待的問題。因為，在其背後也許隱藏有「大惡」的陰謀。

54 如期償還小借款引誘大筆借款的「放長線釣大魚戰術」

當對方嚴守細微瑣事的小約定時，可能具有使他人全面地信任自己而取得更大約定的嫌疑。

有一名中年女性從認識的主婦或商店老板身上借貸了數億日圓的資金，成立一家私人銀行，結果以詐欺罪嫌被捕。這個並無資產也無社會地位的女性，何以能夠聚集高達數億圓的龐大資金呢？

這名女性所使用的伎倆是這樣的。首先以高額的利息誘騙他人的融資。她不以借款為名而強調是一項投資，這一點的確有其高人之處，而事後的心理作戰也非同小可。剛開始任何人都心存警戒，即使給予融資也只有五萬元或十萬元的小額數目。這是即使被欺騙也不至於賠本的範圍，但是，那位中年女性對於少額的融資都約定支付高額的利息，譬如，支付一成的利息並確實地償還。

如此反覆數次之後，對方的警戒心漸漸減弱，金額也由十萬元慢慢增為一百萬元、兩百萬元。而這位女性似乎對於高額的融資也確實地支付利息。

當然，她並沒有那麼龐大的積蓄，只不過是從他人的借款中籌措出來給予運用罷了，不久，據說無法支付利息而一走了之。

這位女性取得他人信任的方法可以說是巧妙地抓住了人心的弱點。即使剛開始略帶懷疑而心存警戒的人，一碰到對方誠信地履行小的約定時，就會完全地信賴對方，這乃是人心之常。譬如，向他人支借打電話的一元、兩元時，即使是微小的零錢也應盡早償還。而在償還借款時並非用手拿著錢幣或紙鈔交給對方，即使為數稀少也放進信封袋內再償還對方。只要能確實做到這些細微的小事，就會獲得他人的信賴。

這種誠意的自我表現並不只限於金錢關係，也出現在細小的約定或打招呼上。

譬如，遵守酒席上所約定的事項，即可獲得嚴守紀律的風評。因為，一般在酒席上的約定多半被認為是酒力助興下的玩笑，對方也不認為會真的付諸實行。所以，即使不履行約定平常也不會有人給予嚴厲的苛責。

正因為如此，如果遵守酒席上的約定會使自己的評價增高。換言之，可以在他人的腦海裡烙印下「他不論是什麼樣的場合必定遵守約定的事」的印象。

在銷售競爭激烈的製藥業界，據說優秀的公關人員對於與醫生們在宴會席上玩笑摻半所訂定的約束，不論是多麼地微不足道，爾後必定付諸實行。他們是否能獲得成功，全賴這個累積功夫能夠持續多久。

55「忠告」為名的強制技巧

當對方以「如果我是你……」為詞為他人分憂解勞時，多半是假藉忠告之名以操縱他人於股掌之間。

對於身居企業內要職的人而言，據說人事異動的時期最令他們感到頭痛與困擾。即使希望以適材適所來決定人事安排，在職員之中卻有不少人對人事的異動表示不滿，認定自己是受到「左遷」的不平待遇。為了讓這些職員能心悅誠服地接納公司方面的異動，人事主管們必須想盡辦法給予說服，自然免不了心力交瘁之苦。

從前，我曾經聽某大廠商的人事專員談及如何使左遷職員信服的技巧。首先，他把職員一一叫到跟前來深入地交談。不過，主要是讓對方暢所欲言，等待他們一吐為快而略感疲倦時，向對方表示：「我非常清楚你的感受。」據說因為這句話有許多人的臉上會出現安篤的表情。然後再接著說：

「如果我是你的立場，我倒很願意到較小的營業所去。那個地方既沒有繁雜的人際關係，還有許多可以充分發揮個人才力而獲得認可的機會。事實上，有許多人就是因為在地方營業所的實績而決定了以後的升遷機會。」

這位人事主管說，並非強迫性地灌輸自己的說服，最重要的秘訣乃在於讓對方以為是基於他的立場給予忠告。

據說，根據這個方式而成功地讓多半的職員心悅誠服地接受公司的安排。

這位人事主管的說服法，事實上是符合了心理協商的「不干涉手法」。這是心理顧問一概不發表個人的意見或感想，只聽從對方談話的方法。一般人表白自己的慾求不滿或煩惱並獲知受到接納時，多半就足以使內心的癥結獲得紓緩。只因為有人傾聽自己的心聲而覺得對方是站在與自己相同的立場，在心理上獲得了解放。

在代人解決疑難雜症的電視節目中，常見協商人員不約而同地說：「如果是我的話……。」譬如，當聽完前來協商者因離婚問題而煩惱的情況之後，心理顧問會說：「如果我是你會稍做忍耐。」這句話之所以能使前來協商者毫無抗拒地順從，乃是因為聽到「如果我是你……」這句話，而錯覺為「這個人把我的煩惱當成自己的問題一樣地為我考慮」，一旦陷入這樣的心理狀態時，即使接下來對方所提出的忠告是對自己不利的情況，也會認定對自己有益而坦率地聽從。

56 有錢人不打架、動肝火者會吃虧的心理原則

當對方靜靜地忍耐你的憤怒只一味地充當聽衆時，乃是企圖讓你的不滿宣洩一空。

在百貨公司或銀行等以顧客為交易對象的企業中，一定設有「申訴中心」。該處的負責人多半是個性溫和的中年男女，都是能夠耐性地聽從顧客抱怨的類型。前來申訴的人多半情緒激動。有時會不通情理地謾罵。而申訴中心的人員的職務就是靜靜地忍耐顧客的不平之鳴，只擔任一位忠實的聽衆。

人心極為奇妙，當把所有想要一吐為快的事情發洩完畢後，就覺得舒暢。暢所欲言完畢幾乎已平撫了百分之九十的不滿。即使問題尚未解決，卻因為把心中想說的話一股腦兒地傾吐出來，而使人誤會問題已經解決。

筆者曾經受日本電信局（目前的ＮＴＴ）的委託，處理有關電話費糾紛的協商問題。由於有些莫名其妙地被電信局索取超額的電話費，而前來申訴的使用者，並無法信服處理人員的說明而導致紛爭，所以才有如何解決這種紛爭狀態的協商問題。

根據我的調查，紛爭的原因多半是出於職員的應對態度上。譬如，當使用者打電話來責問：「電話費高得離譜，請再做一次調查。」而使問題膠著化的職員的回答是：「電話費都是由電腦處理，不可能會弄錯。」或「也許您不知情的情況下，您的孩子打了長途電話吧？」這種回答只會使對方更為火大。

我建議主其事者首先耐心地聽從對方的辯解，然後向對方表示會充分地調查後先把電話掛斷，稍待一段時間之後再開始進行交涉。當然既已說出內心想說的話，再經過一段時間之後會撫平內心的憤怒而變得冷靜。這時再開始給予說明或進行交涉，也為時不遲。充當聽衆乃是撫平對方怒氣的高等心理術。

反過來說，情緒激昂而大發雷霆結果只會使自己陷入不利的立場。譬如，在離婚訴訟或糾紛調停的場合，勃然大怒者多半會吃虧。而即使被對方怒罵也一直保持緘默者反而有利。讓在場的人看見自己保持忍耐的姿勢，在緊要關頭時以客觀狀況下可以判斷的材料向對方追究，不僅可以博得法官的好感，同時也能藉由對方的大聲怒吼後，因怒氣的發洩而撫平內心的不快感，所以，會使訴訟往自己有利的方向展開。

57「不必拘泥禮數」這句話中的陷阱

當對方把正式場合改變成非正式場合的氣氛時，是有意使你因鬆懈而吐出真心話。

某著名攝影師曾說用照相機抓住兒童最自然的表情的秘訣乃是向他們說：「好了，拍完了，謝謝你。」之後。

當孩子聽到「好了，拍完了。」這句話時本來因為在意眼前的照相機，而顯得僵硬的表情，霎那間會緩和下來。據說就在這霎那迅速地按下快門，就可以拍到兒童們開放自由的世界。真不愧是鼎鼎大名的職業攝影師，確實能掌握住被拍照者的心理變化。

人在正式場合心理上會有一股莫名的緊張感。因而會表現出異於往常的自己。處於緊張情緒中的人突然置身於非正式的場合時，會不經意地暴露原本所隱藏的真面貌或真心本意。

同樣地，兒童們在照相機之前等於是置身在正式的場合，在這個狀態下很難抓住兒童們天真無邪的面貌。但是，當告訴孩子們「好了，拍完了。」使他們如置身在非正式場合而感到解放時，即會綻放出孩子們原有的真面貌。

如果能刻意地演出從正式空間獲釋到非正式空間的瞬間所產生的安篤感，即可輕易地打聽出對方所想隱藏的真心話。

有一次，筆者參加某雜誌的座談會，當談話告一段落時，總編輯做結論說：

「座談會到此就要結束。接下來請各位輕鬆地閒聊……」

結果座談會後的閒聊比實際的座談會更為精采。與會者各個說出了自己真正想表達的意見，連我都覺得內容遠比形式主義的座談會更為充實，倒令人覺得可惜啊！但是，該雜誌發刊之後閱讀其中的記事內容，發現當天閒話家常的內容佔居大半。

原來我們竟然中了那位總編輯的陷阱了。他是刻意製造一個非正式場合，使我們這些出席者感到放心而紛紛吐露真心話。

另外，某稅務稽查員曾說每當他們調查了嚴陣以待、準備周詳而無懈可擊的納稅者之後，多半會一邊喝茶一邊閒聊。而接受稅務調查的企業經營者在整個調查過程中可謂緊張的連串。當調查暫告一段落時會感到如釋重負。

這時當稅務稽查員喝著茶若不經意地說：「好雄偉的一幅畫啊！」時，對方會脫口說：「不，我只跟你說喔，其實這可是真貨啊！」據說有不少人會在最後的關頭主動地向稅務稽查員說出逃稅的證據來。

58 把人變成「YES應聲蟲」的「洗腦作戰」

當對方一再地提示使您只能做肯定回答的問題時，極有可能是要製造讓你難以說出「NO」的心理狀態。

據說世界聞名的臨床催眠家、美國的密爾頓・葉密爾森在做催眠時必先準備一些使受催眠者回答「YES」的問題，然後才開始進行催眠。

這個技巧是利用讓對方一再地回答「YES」慢慢地製造出不論在任何情況都會回答「YES」的「心理狀態（Mental set）」。如果能巧妙地運用這個手法也能使對調職的人事安排不服的職員心悅誠服。

「啊，過得還好吧？」「是的，托您的福。」

「對了，您夫人和孩子也還好吧？」「是的，很好。」

「和夫人處得好吧？」「是的，當然。」

「您今年正好是本命年吧？」「是的，正好是本命年。」

這樣的問答拉扯不完。當然必須愼選所有的回答必定是「YES」的問題。最後再進入本題。

「那麼，您會答應這次的調職吧？」「是的……」

也許有人對於這般彷彿欺騙幼孺的伎倆是否能通用持懷疑的態度，不過，這倒可以從心理學的觀點做一番說明。

也許任何人都有過經驗吧，被對方以「NO」表示拒絕並不是件令人愉快的事。而這種心理上的不快感在無意識中會產生想要避免回答「NO」的心理。

相反地，以「YES」表示肯定時，不但心理上會覺得舒暢也會有一股解放感。換言之，「YES」的發言在心理上是極為自然的反應。所以，如果一再地提出誘導對方回答「YES」的問題時，就可以建立不會感到牽強的「心理狀態」。而一旦塑造起的「YES」的心理狀態，不可能因為一個質疑而突然變化為「NO」。以上述的例子而言被調職者不得不回答「願意去走任」，乃是這種心理結構所造成的。

據說英國的實業家們在與顧客的談話中會穿插音樂或美術等文化的話題，留意在雙方之間首先製造一個共鳴的場合。然後在這個話題的延長線上再談起生意買賣的事情。結果由於雙方在此之前所擁有的共識使得顧客也難以回絕。

這也是利用「心理狀態」的心理商法。

請注意這種伎倆

被委任「其餘的由你們決定！」時，即使只是決定其中的一部份也會覺得整個議案是由自己所決定的。

乖巧地順從盛怒的對方時，會使對方怒氣全消，而忘了問題。

■覺得問題已經解決時

當對方親切地表示忠告說：「如果我是你……」時，本來不利的話題也會覺得是對自己有利。

既然禁止拍攝，一旦被沒收一台照相機之後，第二台照相機就不再受到懷疑。

59 人為何抵擋不住深夜追擊、清晨叨擾呢？

當拒絕多次而對方仍然馬不停蹄地前來拜訪時，乃是想利用你的「虧欠」心理而達到他的要求。

「推銷員是用雙腳賺錢」，這句話的意思是推銷員即使一而再三地遭受顧客的拒絕，也仍然馬不停蹄地前去拜訪，在不惜奔波之後終於獲得了業績。

當顧客說：「我不打算買，你再來幾次也是徒勞無功喔！」

推銷員仍然精神充沛地回答說：「不，不，這是我的工作，請不要在意。不過，您不妨聽我做一下說明啊！」推銷員帶著一臉真誠無邪的笑容，往返五、六次之後生性柔弱的人，最後一定會被他所感動。

另外，推銷業的鐵則是「在雨天、雪天推銷」。一般人看見在傾盆大雨的日子卻殷勤地到家裡來拜訪的推銷員多半會折服。雖然明白對方是不速之客，無非是一種推銷的戰略，卻忍不住萌生一股「令人覺得可憐」的感情。

這種推銷的方法乃是利用人心的「借貸感情」。即使心理並不打算購買其所推銷的商品，然而當推銷員反覆數次地登門拜訪時，在心理上會產生勞動對方大駕的愧疚或欠其人情的感情。結果變成「如果把花在自己身上的時間向別人推銷，也許能更簡單地達成交易，真是抱歉……」的想法，而無法冷靜地基於商場上買賣關係的立場面對推銷員。尤其是日本人對這種感情特別敏感，會開始思考找個機會給予回報，以取得與對方之間人際關係上的平衡。

換言之，若想要獲得對方的大讓步，只要讓對方累積細微的心理負擔。

新聞記者的採訪方法至今並沒有多大的變化，無非是深夜追擊、清晨叨擾。換言之，在追究某事件或政變等內幕消息時，新聞記者往往到與該事件相關者或政治家的住處，趁其工作歸來的深夜或起床的清晨前往採訪。

並非寸步不離地緊迫盯人，而是在多數人休息的時間出擊，這種示威行動反而能更具效果地在對方的心理上造成愧疚感。

推銷員和新聞記者都是必須耗費許多時間與體力以傳達自己熱忱的職業，但是，如果把他們的精神運用在日常的生活中，似乎有許多事物因而能順隨人意地進展。譬如，假設有件輕易能應允的依賴事項，找個禮拜天穿戴整齊地到對方的家裡拜訪，會讓一副休閒打扮的對方感到一種愧疚。另外，碰到重要的交涉場合，可以更早於約定時間前往等候。

60 沒有比「不得志者」更大的回饋

當對方想辦法與沒有直接利害關係的人保持良好關係，乃是企圖塑造心理上的「借貸」負擔，當雙方有所關係時期待對方的回報。

為某大電機廠商代工的一家中小企業的社長，以待客手腕高明而聞名。他招待主顧的高級主管自然是無微不至，而這位社長的待客之道和其他企業的不同點是對象不僅是幹部，也招待年輕的職員。

不過，並非任何一個職員都招待。而是事先調查對方公司裡的評價或學歷、派系、實績等，認定這個人物將來必有大成的職員才給予招待。

譬如，當早已鎖定目標的職員升級為科長時，立即前往送禮祝賀。然後以慶賀為由招待對方到高級料理店。年輕職員自然沒有上過高級料理店，因此會對這份禮遇感到驚訝。而且，這個人在生意買賣的場合還沒有被賦予任何決定權，是沒有直接利害關係的人。

這位社長對誠惶誠恐的職員說：「貴公司給我們賺了不少錢，所以，我打算以這個方式回饋給貴公司的優秀職員。」

以這個說明避免對方的負擔。當受到如此禮遇的職員不久升級為經理、高級主管時，絕對不會忘記這位社長的恩惠。在經濟不景氣下各個代工公司紛紛被取消交易之中，唯獨這家中小企業屹立不搖，據說這完全是長年來這筆「投資」之惠。

招待或贈禮如果是得自有明顯利害關係的對方，會因過於明白而顯得功利。無事相求時的贈禮遠比有事相求時更令對方感到高興。

在中秋佳節對新官上任的經理送禮會被認為是理所當然之舉。但是，如果把中秋禮物送給調動到其他部屬的前上司，則有效果。

我有一位朋友在某公司擔任高級主管，據說在退職之後歲末贈禮以及賀年卡減至十分之一以下。年初面對門可羅雀的光景正感到黯自神傷時，有一名拿著禮物的前部屬上門來賀年。據說在職中他對那位職員並沒有太大的評價，卻因這份情深厚意而熱淚盈眶。

爾後當他以顧問的資格再度到前公司復職時，當然重用了那位職員。沒有利害關係時的贈禮或接待會給對方感到意外而永記在心。同時會使對方帶有「總有一天必須給予回報」的心理負擔。事實上即使本來就覬覦這個回饋，只要當時並無利害關係就不會讓對方察覺到所隱藏的居心。

61 施恩於人時所運用的「不射將而射其馬」的伎倆

當對方不直接對當事者而對其親近拍馬屁時，多半是佯裝並無其他居心而欲籠絡人。

某朋友公司的社長一到年節前夕，據說就收到堆積如山的禮物。在這麼多禮物中常有禮物與贈主不一致的情形，據說他只留下中意的禮物而把剩餘的讓百貨店取走，不過，某年的年尾這位社長收到了一個連自己都大感驚訝的禮物。

有一個送給該社長么女的禮物是當時美國大為流行的「白菜田的洋娃娃」。這個贈禮的確稀奇，而這麼稀奇的禮物不是送給社長本人，而是給他的么女，這一點令人深切地感到贈予者的誠意。

另外，我曾經出席某電機廠商主持的演講會。在演講後我若不經意地向到車站送行的負責人透露家母正在住院，翌日演講會的負責科長不知是從何處調查出來，竟然到我母親住院的醫院探病。我除了對這意外的好意感到驚訝之外，自然是感激萬分。

從這兩個例子即可明白當對方贈禮給有直接利害關係的自己時，一般人很容易當成是

「理所當然」，有時甚至會提高警戒懷疑對方是有某種居心。

但是，如果不針對自己而是對自己的家人表示關懷時，會比自己受到禮遇更為感動。這正符合了「不射將而射其馬」的道理，不對當事者而對其親近的人表示好意、關懷的做法是極具效果的一種技巧，它會令人以為是深切地關懷自己而不論事實與否。

我所認識的某企業在招待顧客時，據說一定一併招待其夫人。如果只是招待顧客則止於「GIVE AND TAKE」的商業關係，但是，太座們也加入其中時則變成非商業化的關係。甚至可以說是從理論的世界轉入感情的世界。

而且，鮮少有機會出席豪華盛會的太座們，對於公司方面的周密自然感激萬分，當然，太座們的感覺不可能不會傳染給丈夫。

因此，客戶對於連自己的內人也給予禮遇的公司，會感到「恩惠」，從而對於多少的無禮要求、難題也會順從。

62 連他人所飼養的寵物名稱也瞭若指掌者的膽識

當對方強調對自己的隱私瞭若指掌時，乃是要表示對你的強烈關心而使事情朝有利的方向發展。

政治家們的人心招攬術之巧妙常令人為之瞠目咋舌。譬如，對於只有一面之緣的人也能親切地直呼其名，向對方打招呼。其實不僅是名字，連臉孔也不記得的人，也會暗中詢問秘書彷彿早已熟識一樣地與對方搭訕。如果聽說對方是當地後援會幹部的兒子，一定主動握手並拍其肩膀詢問其父親的狀況說：「您父親現在怎麼樣了？」政治家們知道如此微不足道的噓寒問暖，往後將會獲得數倍的回饋。

因為，呼喊名字、詢問家人的安否乃是交情極為親密者通用的交際法，當表示這樣的言行舉動時，任何人都會因為對方如此地在意自己而銘感五內。

被政治家直呼其名、親拍肩膀問候的人，隨即成為他有力的支援者，在下次的選舉也許會為這位政治家的票源收集而四處奔走。

類似的心理作戰運用在抓住女人心上也極具效果。對於只約會一、兩次面的女性可從她隨意說出的話中揣測其興趣或生活，在下次的約會試著把所揣測的材料發揮在談話中。譬如：「妳養的那隻叫做太郎的貓還好嗎？」只憑這些話必可使對方感到雀躍，認為你對她極為注意。結婚騙子們也常運用這個手法，他們會記得所覬覦女性的生日等日期，在談話中故意提及此事而煽動女人心。

大概沒有女性會討厭記得自己隱私的男性吧。這會漸漸轉變為一種信賴、愛情，結果糊里糊塗地就被騙上當了。

任何人對自己本身最為關心，都具有以自我為中心的心理傾向。舉例而言，觀看與其他同伴合照的紀念照時，任何人都會先找出照片中的自己，然後再看整張照片。如果自己拍得不好還會抱怨這張照片照得不好，這樣的經驗相信各位讀者也有過一、兩次吧。

從這一點不難明白如果你在工作上或個人的隱私生活上，想要消除對方的警戒心使其產生親近感時，只管記住對方身邊的芝麻蒜皮小事，一有機會即脫口說出。如此一來必可將對方操縱在自己的股掌間了。

63 「使其碰觸」是為了「使其購買」的慣用伎倆

讓對方試試商品，並且留存在對方處，使其產生心理的負擔，進而欲取欲求。

手段高明的推銷員是擅長操縱心理術使顧客產生「購買慾」的忠實實踐者。他們的談話中事實上充滿著許多的暗示，以下就介紹一位和服推銷員的經驗談。

推銷員的工作自然是定期的拜訪顧客與對方建立親密的關係，而這位推銷據說一旦看見時機成熟，必定把想要出售的和服布匹紛紛地讓顧客在鏡前比對，並把其中的數匹布留在顧客的家裡。

數日後到顧客住宅造訪時絕對沒有人會償還全部的布匹。而且，女性們似乎都具有向人招搖並渴望他人提意見的心理傾向，有時運氣好連隔壁的太太也會一併訂購。把現貨放在顧客家裡的方法據說具有一箭雙鵰的效果。

這位推銷員的方法有三個重點，那是讓顧客「碰觸」「試穿」「感到心理上的負擔」。首先讓顧客直接觸摸布匹，在鏡前試穿。如此一來已拆卸對方的一道防壁。顧客因為觸覺而理解本來不想購買的商品的特長。然後再加上貴重的商品擺在家裡數天的心理負擔。

高級服飾店的推銷員一看見顧客伸手拿服裝時，必定立即前往打招呼請顧客試穿。在百貨公司的食品販賣部也經常舉行試喝、試吃，化粧品、汽車的試用、試乘活動也是其例。一旦碰觸而試用之後的顧客很難瀟灑地揮一揮袖就說拜拜。因為，在這個時候顧客們已經相當理解商品的內容，對前來招呼的店員也開始有心理上的負擔。不知是真的渴望該商品或服務員的招待所感到的愧疚使然，結果終於買了商品。

各位讀者中也許有過本來是看到廣告想去買個廉價的電視機，結果卻買回來一台高級電視機的經驗，一般人即使打算「只要便宜就買」，然而一旦決定「購買」之後，「只要便宜……」的預設條件就變得模稜兩可了。

那是因為人為了防衛某種情況而設下防壁時，一旦被人闖進該防壁內一步，就會有忘記本來應該防衛的傾向。對於購買者而言，鮮少有「絕對必須購買這個商品」的情況。熟知人心機微的推銷員順水推舟即決定了購買的商品。

64 「只為你」是「只不放過你」的表示

當對方表現出特別的禮遇時，乃是企圖慫恿你的自尊心以製造容易接納對方的說服的心理狀態。

從前由男女會員登記而為彼此介紹愛人的愛人銀行問世時，我輩等都覺得這個社會簡直是亂了，真叫人難以苟同，我一位朋友大為嘆息地指責說：「荒唐！」但是，愛人銀行不知是怎麼調查出來的，竟然送了一封DM（直接信函）給這位朋友。這個舉動一定把他氣炸了吧？事實卻不然。

為什麼，這個秘密似乎是在DM冒頭上所印刷的巨大文字之中。該處寫著：「我們僅向年收二千萬圓以上的人士中精選出來的您報告。」

這段文字中的「年收二千萬圓以上」「精選出來」「唯獨你」的字句十足地煽動了DM受信人的優越感及自尊心，這也難怪他不感到生氣。當然，他並無入會的意願，想必有不少人因為這些文字的煽動而入會。

您是否也曾經接到「僅招待老主顧的特別優待拍賣會」的DM，而輕率地前往百貨公司，結果購買了一些不必要商品的經驗？有些高爾夫球場會任意散發名為「您已被推薦為特別會員」的DM，而召集已超過定數的特別會員，結果造成問題。

諸如這般「只有你是特別的」之類帶有煽動人心的字句，具有使人心陷入無防備狀態，輕易地接納對方言詞的功用。它具有縱然本無其意結果卻產生意願的魔力。因而被迫購買了原本不想要的東西或錯以為受到特別的恩惠或禮遇。

在日本東北地方的某飯店準備有接送出席該飯店所舉行的結婚典禮者的巴士，據說巴士的司機被指示在巴士中如此向擔任婚禮幹事的人搭訕。

「這些客人是我們社長的朋友嗎？」

「不，用巴士接送的一般是較特別的顧客。」

事實上這家飯店所舉行的結婚典禮必定有巴士接送的服務，然而這段問答只不過是想要使乘坐者感到得意，企圖使他們今後再利用該飯店的欺騙話法。據說這一點小小的戰略一舉成功，這家飯店的經營大為繁榮。

65 以「先到者五十名為限」為詞卻賣出五十名以上的伎倆

當對方在商品上設下限定條件時，無非是想讓消費者產生「買到難以購買的商品是賺到了」的心理。

電視上的商業廣告或夾在報紙裡的推銷廣告中，推銷文句上有許多巧妙地抓住人心的宣傳用語。譬如「只限本商品，三日半價拍賣」「先到者五十名為限」、「下午一點後只有三十分鐘是賤價拍賣服務」，在時間上或數量上設定「限定條件」的宣傳方法，可謂熟知人心的技巧。

我自己本身也有這樣的經驗。數年前我擔任某團體的招待前往三宅島旅行時，在港口正好有人廉價出售鰹魚，讓團體的幹事一口氣就買下五樽的鰹魚，打算在回程的船內出售。但是，不論這位幹事如何拼命地以廉價推銷，鰹魚一點也賣不出去。

本以為賺到利市而大量採購鰹魚的幹事先生，抱著鰹魚樽一副大傷腦筋的樣子。那個模樣的確令人可憐，我於心不忍只好抓起麥克風叫嚷著說：「剛採獲的新鮮鰹魚只剩下這一些了。價錢只有東京時價的一半，只剩下這一些。欲購從速。」

結果怎麼樣？我的話還沒說完，在鰹魚樽之前已大排長龍，霎那功夫鰹魚已售畢。我再一次地印證了「只剩這一些」這句話的效果，由衷地佩服它所產生的威力。

若以心理學的觀點來分析這種「欺騙的技巧」似乎原因是出在限量的商品會令人覺得不購買似乎會蒙受損失一樣。

換言之，如果比比皆是隨處可得，則無法誘導人的購買慾。但是，一旦限定數量時獲得該商品就像是獲得利益一樣。所以，這些宣傳文句的應用乃是巧妙地掌握煽動人心，而使人非得購買的心理弱點。

在兒童的世界常可見到這樣的光景，當孩子不想要大人給的糖果時，如果別的孩子伸手想拿走，反而會趕緊佔為己有。也許這種心理傾向仍然根深蒂固地殘存於成年人的心理深處吧。所以，限定條件之所以能發揮效力也是理所當然的。

請小心這種伎倆

看見商行老太婆的辛苦就不會注意其出售商品的價格，連過於昂貴的盆栽也會衝動地購買。

當丈夫說「我去拈花惹草了」時，會覺得根本不必懷疑而相信丈夫的誠實。

當覺得心滿意足時

被占卜師說：「你和水有緣」時，會自己穿鑿附會與水的關係而信服。

當對方一一地報告途中經過時，即使沒有達到自己的要求也會以為對方為自己盡力了。

66 以奉承他人的姿態吹捧自己的策略

當對方接下你的話尾而轉變話題時，乃是企圖使你毫無抵抗地順從他。

有許多場合可以評斷公司職員的能力高低，而公司裡的會議也是評價上班族是否為能幹者的方法之一。

一般而言，在會議中發言次數多、做有意義發言的職員常被認為是能幹者，但是，如果懂得掌握對方發言的要領藉機轉換成自己的意見的技巧，根本不必慌張地趕著發言即可掌握整個會議的進行。

首先，我們來考慮公司的勁敵一再地展開有用的發言，整個會議的流程似乎要陷入他的主導中的情況，這時該如何應對？

「請讓我也稍做發言。」這種說詞極為唐突，乃是有勇無謀之策。

「我有異議。」這種作法也過於挑戰性。

「換下一個議題吧！」突然地改變話題即暴露了自己的居心。

碰到這種狀況若要不牽不強地順利奪取發言權，最好採取順勢承接勁敵的發言的方法，譬如說：「從您剛才的發言讓我想起一件事……。」這比前章的「誠如您所說的……」的轉話法更為自然。

「從您的發言我想到……。」這句話會令對方錯覺為接受他的發言並有意奉承他，因此，絕對不會使氣氛變僵。事實上只不過是「佯裝」突然想到某事的樣子，開口說了這句話之後接下來所談的是完全不同的話題。即使話題偏離原有的方向，卻因為在座者認為這乃是因前面發言者的意見所想到的內容，而不會受到他人的批判。然後慢慢地整個會議的流程掌握在自己的主導中。

「從你的談話中突然想到……。」這句說詞不僅對公司的勁敵，對上司也具有效果。

在各企業為提高品質管理、使生產性向上，多半設有職員的提議制度，而這些提案如果是以巧妙地煽動上司心理的方法來提出，遠比無視於上司存在的發言更具有效果。譬如說：「我根據經理經常指示的在公司外製造人脈的原則，想到了一個有關交際費的構想……。」把你自己本身的提案說成彷彿是聽從經理的話後，而想到的意見一樣來陳述。如此一來即使和經理的意見毫不相干的提案，也會讓經理錯覺其中似乎有某種關連性，而能對你的提案洗耳恭聽。

67 刻意利用謙虛的言詞使人不把命令當成命令

當對方無視於身分的高低而使用客套話時，是有意利用「身分的逆轉」封鎖他人對命令的反抗。

語言具有各種的性質，如果語言會使職場內的人際關係惡化，那麼他也許可以說是「功能語詞」。這是何種言詞呢？譬如，上司呼叫部屬到辦公桌前說：「喂，你啊，難道不聽課長的命令嗎？」像這類儼然是上司口吻的說詞。除了說「是課長命令」之外，也有「一個小職員還……」的說詞。這種「功能語詞」毫無疑問地很容易招致職員們的強烈反彈。

但是，若能反用這類「功能語詞」，事實上可以使公司裡的人際關係變得圓滑。譬如，課長想指派部屬某個工作時，可以特意到部屬的辦公桌前說：「我有點事想拜託你……。」應該下達命令的課長卻對部屬說「拜託」。這是利用語詞反轉雙方的身分立場，但是，這個反轉語詞多半會激勵部屬的工作意願而積極地處理公務。

語詞本來就具有社會性的功能。以日本為例，一般職員若升上課長時自稱的「僕」就會變化為「私」（僕和私都指自己）。年長者的姓氏要添加「さん」年幼者則添加「君」再稱呼。但是，如果是精明能幹的管理職對於年輕的職員也會附加「さん」。

在公司裡處於下位的職員對於居上位者總帶有劣等意識。但是，當居上位者對下位者尊稱時，在轉瞬間的言詞反轉運用下會使居下位者產生優越感，而變化成對上位者的尊敬、信賴。如此一來直接傳達令人反抗的命令，也可以使部屬不感覺到是一道命令而付諸實行。

從前，在美國田納西州的縣長選擇中，有兄弟二人出馬競爭。哥哥利用向嬰兒親吻等微笑戰術以擴大支持者層。

相對地，弟弟卻沒有任何引人注目的動作。只不過站在演講台上摸索著口袋然後向聽衆喊叫著說：「有沒有誰先借我一根煙？」

結果弟弟獲得大勝利。選民是因為偉大的政治家竟然能說出「借」這個詞而感動，於是支持了弟弟。這也可以說是利用「借」，這個語詞而反轉候選人與選民之間的心理立場的技巧之一吧。

換言之，是刻意反轉雙方的立場而煽動對方的自尊心。在職場上若要活用部屬，必須不讓他們覺得被命令，並且能巧妙地煽動他們的自尊心。

68 彷彿給部屬充分自由卻強化管理的上司的伎倆

當對方的發言中一再地表示「委任你」「信任你」時，最好懷疑其本意乃是叫你「更牢靠一點！」

有一次我前往東北地方的某都市做演講旅行。當我在旅館的客房打算喝一點加冰的洋酒時，該旅館的冰箱並沒有採用現今流行的電腦管理，而是放有紙張和鉛筆的自我申告制。晚餐時同室的朋友向房間的服務生詢問說：「你們用這種自我申告制不會吃虧嗎？」

他淺淺一笑回答說：「從來沒有顧客隨便填寫數量喔！」

人的心理極為微妙，當全面地獲得信賴時在自己的心中會產生自我約制，而不再想要欺騙他人的意圖。在各企業裡的職員管理上最近也頻繁地利用這種心理術。換言之，是委讓職員們權限讓他們自我管理。

從前廣告代理業的電通公司就是其典型。電通公司給職員們的薪水是一般企業的二、三倍，但是交際費自己負責，在勤務時間裡可自由地做任何事。因此，每當日本職棒開打或高中棒球開賽時，公司裡空無一人，但是，直到深夜公司裡依然燈火通明，業績也顯著地提高。

SONY前顧問小林茂先生在擔任SONY厚木廠長時，設置了無人食堂。該食堂的付款採自我申告制，如此節省了不少人工費。但是，某時期這個食堂的營業額的回收不盡理想。某幹部建議說：

「不妨在公司內的報刊裡刊載最近人心不古、背信忘義的怨天尤人的記事？」

但是，小林反對意見說：「人必須給予信賴。與其針對道義問題給予評論，不如只發表回收率佔幾成等客觀的事實。」

當這個記事發表之後，不久就沒有混水摸魚的職員了。

自我控制法如果有勞資雙方的信賴關係為基礎，也許可以成為非常優秀的管理系統，不過卻也可能因用法不當而變成不良的管理系統。某公司的營業員因為一個月用掉十萬圓的計程車費而被上司叫到跟前。他本以為會因為支出過多而被上司責備，一臉鐵青的站在上司的跟前，結果上司卻鼓勵他說：

「花多少錢都可以，只要能賺得比它更多。」

從翌月開始這位營業員的計程車費減至一半，相反地營業額卻增長了許多。但是，為此他必須多量地犧牲自己的肢體勞動與家庭。

要區別何者為好或壞的管理委實困難，不過，在全面信賴、委任大幅權限的制度中，最好能自覺到自我管理將比被管理更為嚴苛。

69 社長讓職員激切風發地大肆議論的真意？

當對方對下位者的意見洗耳恭聽時，乃是具有以上克下而貫徹自我意見的企圖。

所謂優秀的經營者即使是權責獨攬的個人經營方式，也不會讓職員們有獨斷獨行的感覺。一位經營汽車販賣公司的朋友在決定最重要的「人事」安排時，會使用一個極為巧妙的技巧。譬如，為了促進營業部的活性化而計劃斷然實行組織改革時，首先會叫經理、課長到前來。然後將計劃的主旨概略說明之後，攤開公司的組織體制圖大聲疾呼地說：

「為了擴充營業部的戰力我想補強人才。為此你們可以極力挖掘其他部門的優秀職員。只要是你們覺得妥當的職員就把他網羅過來！」

數天後，營業經理和課長們挑選了數個候選人，這位社長看見他們所擬出的人選一覽表，也絕不從中挑剔。

其他部屬的人事處理也都大同小異。也許有人會懷疑難道可以把「人事」任由部屬安排到這個地步嗎？事實上，這才是社長的精明之處。

第一，以職員的階段而言各個職員的實力相差無幾。甚至可以說任何人都一樣，問題乃在於上司是否肩負起責任給予鍛鍊，如果是上司自己所挑選的部屬，必定會負起全責來訓練部屬。

其次，在人事中各部屬之間人才的調配所引起的糾紛會在經理、課長的階段全部給予解決。而所完成的「人事」毫無社長以上制約下的印象乃是最大的利點。經理、課長們由於覺得這完全是自己所決定的人事，自然會努力於擴大其實績。

這位社長在會議中也使用同樣的手法。他首先提示大致的議案輪廓之後向與會者說：「我想到這個議題。接著由你們來思考對策吧！」然後就打起瞌睡。在這期間出席者們個個激切風發地大肆議論。當決議其中一個結論時，最後會由社長發言說：「那麼，我們就根據這個決定來努力吧！」語畢即散會。

職員們所決議的事情大致根據社長所提出的構想。因為，社長已事先提示了議案的輪廓。事實上，是由社長事先決定百分之九十的梗概，而讓職員們有百分之十左右的修正餘地罷了。但是，職員們仍然會覺得所有的一切是他們自己所決定而感到滿足。

這位社長灌輸自我意見的提案卻不讓職員們覺得有被壓迫的感覺，反而讓所有職員基於會議參加者的綜合意見所決定的事項而徹底地執行。

70 使持反對意見者主動順從決定的方法

當對方在會議中顯得特別耐心地傾聽你的發言時，是刻意演出參與會議並充分地發言的滿足感，企圖消除他人對不滿的決定之反駁。

我有一位朋友是個十足的獨斷獨行類型的社長。雖然整個公司完全依照他的想法運行，然而在職員們之間卻不認為他是位唯我獨尊的社長，反而認為他充分具備民主精神。這位社長是如何讓職員們有出人意外的感想呢？他的秘密乃在於頻繁舉行的會議上。譬如，在協議某個方針之前會先舉行會議。據他所言會議只不過是尋求方便的手段，他的內心早已決定好方針，而之所以仍然召開會議，只不過是為了封閉事先想得到的反對意見。

話雖如此卻不可將反對者從會議中除名。事實上讓反對者參加會議乃是他的目的，他會讓持反對意見者暢所欲言地發表意見。但是，在召開會議之前他已先向心腹的部屬說明自己的意見，早已做好多數派決議的工作，即使出現任何反對意見，結果他的意見將獲得採決而成為會議的結論。據說如果反對者是公司裡的實力者或協議的事項極為重要時，他更會利用這樣的手段。

這可以說是匠心獨具的方法吧。持反對意見者即使會議中所決定的事項與自己的意見相背，卻因為已陳述了反對意見，而容易錯覺其反對意見的一部份反應在所決定的事項上。而這個錯覺所產生的滿足感會變成容易接納已決定事項的心態。

而且，在無意識中會產生既已參與會議應肩負決議的責任而順從所決定事項的心理作用。因此，會主動地順從會議上的決定。

觀看各種作業效率的調查，很明顯地作業是在何種過程中決定，遠比作業內容更能左右作業效率。即使是一介微不足道的小職員，對於在自己的能力範圍內無可插手，而決定的事項並不會有太大的熱忱。如果是公司的實力者更有這種傾向，強制性的上意下達恐怕會招致反駁而造成社內抗爭的導火線。

在這方面上述獨斷獨行的社長雖然一切乃是強制部屬執行他個人的意見，卻巧妙地利用會議的舉行而成功地不讓對方有所察覺，使對方落入自己的掌握之中。

當然，也許有許多人認為這位社長與其說是欺騙職員，毋寧是一位相當能幹的經營者吧。但是，出人意外的，是我們也許經常被會議的技巧所矇騙。譬如，國會議員的選舉雖然可以說是全民參加的一種會議，然而這個乍看之下似乎是民主的制度，很明顯地會因其運行的方法而有非民主的動作出現。

71 讓他人主動拒絕想要拒絕的事情的伎倆

當對方鉅細靡遺地報告對你的要求如何採取行動時，事實上並無接受要求的意願。

「擅長拒絕」也可說是優秀的上班族的條件之一吧。拒絕遠比簽下契約、出售商品等「促銷」更需要要領。如果所拒絕的對象是平常並無利害關係的人，也許可以直接地表示拒絕，然而若是重要的客戶或主顧，就必須在不傷害對方的感情下盡量表現出符合對方的要求而慢慢地表示拒絕，這時所需要的正是「欺騙的心理術」。

舉例而言，即使明白不可能接受，剛開始也要表示：「我明白了，我會盡最大的努力。」而讓對方放心。然後勤快地打電話給對方一一地向其報告絕不怠慢對方的要求。在電話中可以如此表示：

「我回到公司之後課長正好不在，當我碰到課長時會立即向他報告你的要求。」

「我向課長請示之後，已決定在下一個會議進行協議檢討。」

即使公司裡並不把對方的要求當成問題，也要勤快地主動向對方報告。

令人最感到不安的是情報不足，雖然渴望獲知自己所要的事項爾後是如何地被處理，卻連續數天音訊渺茫時，很容易使人產生不安或對對方的不信感。

日本的洛基特事件中，令國民對事件的相關者萌生不信感的是，他們在國會質詢中的態度。當時甚至變成流行語的「不知道」「不記得」等說詞，使人民產生了「一定隱藏著某種特別的情報」的不信感。

相反地，一再地接受情報時自然會產生信賴感。日本滋賀縣的某市的市公所設有「無事不聽課」做為與市民情報交換的橋樑。它一改上意下達的政府機構的情報傳達體系，除了解答市民的不滿、疑問之外，同時積極地公開有關市政的情報。

擔任這個體系的推行者的市長，主動將市長室開放給市民，致力於與市民的交流，建立了日後被推選參加縣長選舉而當選的支持體系。

總而言之，一般人一旦接受他人的報告，即使所報告的內容已清楚明白也會覺得放心。

結果當對方提出拒絕說：

「在今天的會議上無法達成結論，要延到下次會議再做決定。」

也會認可對方的努力自覺事到如今也莫可奈何，多半會自己主動地放棄原有的要求。

72 利用「肚皮鼓脹、眼皮鬆弛」的原理

當對方有不知所以的饗宴、招待之舉時，乃是企圖利用身體上的滿足消除心理上的不滿。

我經常在著作中舉這樣的例子，從前當我在美國暫時僑居時，在華盛頓的紀念碑廣場舉行了一項大規模的反戰示威活動。獲知此情的當局不但不致力於限制反戰活動的人員配備，反而細心地設置利用供示威活動隊使用，利用消防栓的飲水處，或臨時公共電話、簡易的廁所等。

甚至動員了收音機及電視等媒體機構向大衆呼籲：「集會在明晨十點，今晚請安靜地休息，千萬注意充分地飲食以避免體力的消耗。」換言之，當局使盡各種方法擬定避免參與示威活動者的生理不滿的方策。

從前在各企業經常發生的勞資代表徹夜交涉的會場上，公司方面也會在恰當的時機說：「我們彼此都肚子餓得無法交戰了！就在這裡吃飯吧！」

於是準備了相當豪華的餐點。如果是百戰沙場的勞工組織幹部，會給予拒絕或勉強進食勞工組織方面的粗簡菜餚裹腹。從前，在失業者密集的地區，動輒產生暴動都是在空腹又悶

熱無法入眠的熱帶夜等條件重疊之時。

任何因空腹、睡眠不足等生理上的不滿高漲時，也會使心理上的不滿增高而變得心浮氣躁、易怒。相反地，誠如所謂的「肚皮鼓脹、眼皮鬆弛」，當飽腹一餐之後，精神上就不再有因饑餓感所產生的憤世嫉俗的衝動。心滿意足的人多半會有一臉和緩的表情，也容易聽從他人的意見。

很明顯地，當時美國處理示威遊行的當局也是基於這樣的意圖。參加示威遊行的人都對當今的政治抱有極度的不滿，如果這些人再加上乾渴、不能上廁所、睡眠不足又饑腸轆轆等情況時，生理上的不滿恐怕只會增強心理上的不滿。

也許是美國當局制敵機先地掌握示威遊行者生理上不滿的意圖奏效吧！我記得當天的示威遊行是在平穩的狀況下結束。

在企業界經常為了困難的生意交涉而擺設豐盛的酒食招待對方，或準備舒適的飯店供人休息，姑且不論其中是否已有算計在內的意圖，倒是應該明白我們的心理滿足常具有與這類生理上的滿足不可區分的性質。

這種人容易受騙上當⑤　情況窘迫的人

「溺水者連草繩也窮抓！」

一定有不少人切身體驗過這句成語的涵意。以當今的社會而言，也許應考生就是最適當的「經驗者」吧。

陷入山窮水盡般困境的人、情況窘迫而慌張的人，任何可以依靠的「草繩」也要緊緊地抓住，而世間的詐欺師會把自己佯裝成是值得信用的「草繩」，神出鬼沒地出現在焦急而慌亂者的眼前。他們根本無暇確認那是否值得倚靠的「草繩」，而趨之若鶩地緊抓不放。

譬如，有一位已超過適婚期的女性。只要是正常而不鬧彆扭的人，一旦有一位溫柔體貼的男性出現在她的眼前，很自然地必會夢想與那位男性結婚。只不過「如果錯過這個機會恐怕不會再結婚了」。這種焦急的心理會矇蔽對該男性應有的批評眼光。而最近日本某明星的兒子利用槍手代考的作弊案被揭發，使得兒子的入學許可被撤銷，類似這種預付數千萬的酬勞結果卻無法達成入學心願，而痛苦流涕者似乎並不罕見。只不過這種例子並不屬於警戒人千萬不要受他人欺騙的情況吧。

要防止焦急的人被歹人所騙，似乎唯有對有所焦急的事物坦然待之的方法。同時，儘可能的回復到能以冷靜的態度判斷事物的狀態。

第六章　美麗的玫瑰有刺，好聽的話中有毒

——預設損失而令人以為從中獲利的伎倆

73 刻意訂出高價以慫恿人的名牌崇尚伎倆

當對方在平凡無奇的商品上貼下煞有其事的商標時，反而應該懷疑乃是粗劣品的偽裝。

當滑雪季節將告結束時，一般的運動器材店都會開始拍賣滑雪用具。通常價格會低於滑雪季開始前的三～四成。不過，據說其中唯獨義大利製的流行商品絕不降價。舶來品的價格本來就遠比國產品高出二～四成，再不價降就相當於降價後的國產品的一倍。我正思忖這麼高的價格會有誰買呢？

一位對滑雪極為熟悉的年輕人如此告訴我說：

「穿這個廠商的滑雪褲就是象徵自己是高級滑雪者啊！雖然國產品在品質上也不遜色，但是，在滑雪界似乎已有一個不成文的標準，只要不是穿那個廠商所製的滑雪褲，就不像是一個高級滑雪者。所以，即使價格高過一倍也有人買。不，甚至會因為穿上該廠商所製造的滑雪褲而感到興奮。」

聽完這番話我深切地感覺到價格高，也許對某些人而言是代表一種了不起的價值。

對於穿著昂貴滑雪褲的年輕人而言，滑雪褲的品質好壞乃在其次。他們的思考模式是不降價→高級品→把它穿戴在身上的自己也是高級人，這和世間所謂的崇尚品牌的人的思考模式是一樣的。

既然在滑雪者中也有這樣的神話，廠商方面自然不會主動降價。因為降價等於是背叛了愛好品牌者。

換言之，價格的昂貴乃是購買者的「自尊心的煽動費」。當然，不論是廠商方面或是喜好品牌者都已非常清楚這個心理歷程，並不可一概而論的說是騙人上當吧。

總而言之，在我們周遭者中，似乎的確存在著不論品質的好壞而認定價格高＝高級品這個等式是屹立不搖的。

因此，如果疏忽這一點恐怕會產生如下例的失敗。某中堅電視廠商為了在與大廠商之間的販賣競爭中獲勝，曾經有一時間大幅地舉行降價。雖然訂價和大廠商相差無幾，實際的賣價卻有將近兩成之差。

那麼，是否因此而業績蒸蒸日上呢？事實並不然。因為，消費者認為廠商主動降價這麼多，商品一定有某些缺陷而敬而遠之。

74 利用表面上的公正以掩飾更大不正的伎倆

當對方一再地強調「基於客觀基準」等合理的根據時，乃是企圖將人的不滿轉換為滿足。

人自覺滿足、幸福的標準是不可一概而論的。譬如，富商巨賈如果資產沒有達到自己的目標額，也會發牢騷說缺錢。相反地，有些上班族即使連一塊錢資產也沒有，只要全家人生活得平安、健康就能感到充分的滿足。

換言之，人是根據所要求水準的高低而決定是否滿足現狀，而要求水準必須有自己的合理根據才能設定。對於現狀表示不滿的大富翁們自然尚未找到自覺滿足的合理根據，而一無資產的平凡上班族，則找到了家人健康平安的合理根據。換言之，人的要求水準只要有合理的根據則可任意設定。

以下就以報酬的問題為例說明。假設某上班族領了五十萬元的年終獎金。他對這個數目是否感到滿足，事實上並非金額的大小。當然，如果和一般的行情相較起來金額極低時，自然會感到不滿，不過，最令他在意的應該是同期進入公司的職員所領的獎金的多寡。如果他自負比公司內的勁敵對公司更有貢獻，而所領的年終獎金比對方少一百元時，對他而言就是個大問題。換言之，報酬的情況令人信服的合理根據乃在於公正。

不論金額的多寡，只要公正似乎就可以使人信服，根據所謂「公正理論」的心理學上的薪資論即已闡明了這一點。

年終獎金的考核或能力給付等薪資制度也是從這個理論引導出來的，只不過是否真正公正無私倒令人存疑。

不但考核的重點所根據的客觀標準的程度令人懷疑，同時經營者在緊要關頭時也可能高舉公正無私的旗幟，不當地抑止薪資提高。

尤其在日本，公正似乎是不變的金科玉律，因此，日本更是一個充滿著欺騙條件的國度。即使是並不合理的內容只要冠上公正的外貌，就會使人錯覺它是具有合理的根據。相反地，如果過於拘泥，公正也可能造成虛偽平等的原因。

75 令人錯覺從中得利的「償還」陷阱

當對方償還即使為數不多的款項時，乃是為了使人以為具有良心的巧妙伎倆。

某市公所因為電腦輸入的過失，而造成數個月來支付給職員的薪水比實際更多。後來據說決定以每月均攤的方式償還預支的薪水。

以這個情形而言，多拿的薪水自然應該償還，但是，應該有不少職員內心裡感覺到若有所失的不滿吧。因為，即使本來並非自己的錢財一旦落入自己錢包時，很容易產生那筆金錢就是自己的感覺。因此，償還金錢會令人產生受損的心理。

借錢或利用信用卡的心理也可以此類推。有不少人遲遲不償還借款的原因，也許是產生了一旦告貸的錢財就是自己的錯覺。

相反地，也有與此完全不同的心理傾向，最佳的例子就是上班族的綜合所得稅申報。上班族是每個月從薪水中扣除應繳的稅金，如果扣除較多，在申報所得稅時可以退稅。一般人拿到退稅即使金額並不多，也一定會有失而復得的感覺。

其實仔細想想多繳的稅款再償還乃是理所當然的事，然而卻令人有如賺了一筆錢的感覺而感到喜悅，這乃是因為人的心理上認為一旦支付的金錢就不再是自己的金錢的緣故。

也有利用人的這種心理而引消費者入甕的商法。譬如，超級市場的經營方式。在超級市場中為了吸引顧客，經常舉行廉售活動，只不過它們和一般的拍賣活動所採取的方法稍有不同。

譬如，當將所有的商品降低二成廉價出售時，商標價絕不會刻意標出於二成的價格，而維持原有的價格標。顧客在收銀機的出口依定價支付金錢，拿著收據再到現金交換處取回收據總價的兩成回扣。

某超級市場實際採行這個方法而在主婦之間廣受好評，事實上，同樣是打八折卻因為利用償還現金手法，而令消費者以為從中獲利，這正是這個商法的奧妙之處。

76 附帶贈品而使人誤會支付巨款也有所得

當對方不打折扣而提出附帶贈品的條件時，多半是企圖矇混昂貴價格的證據。

推銷的方法中有利用折扣戰吸引顧客以及附贈商品、獎品等方法，其中以那一個方式較能令消費者感到滿足呢？也許有些主婦們認為「當然是能打點折扣最好」。但是，一般而言，商品出售後再附贈某些獎品多半會令人產生從中得利的滿足感。

如果是折扣戰不像現代盛行的時期，也許同樣的商品中某種商品比其他商品便宜十圓、二十圓就可使消費者趨之若鶩。但是，目前的商場界折扣戰已是理所當然的促銷活動，不二價、唯一價格幾乎已不存在了。

打點折扣已不再吸引顧客。而且，以消費者的心理而言，如果是以七百圓購買價值一千圓的商品，並不會認為其中賺了三百圓，心裡面的感覺是拿七百圓購買了價值七百圓的商品。換言之，消費者的心理已經變成把該商品的價值認定為七百圓了。

另一方面，價值一千圓的商品不打折扣而以原價購買，不過卻附贈價值三百圓的商品的情況，會令消費者產生價值一千圓的商品又添三百圓價值的滿足感。心境上會認為是獲得了價值一千三百圓的商品。七百圓的價值和一千三百圓的價值何者較能使消費者感到滿足，已不容贅言了吧！

在消費者的心理力學的作用下，如果水果攤的老闆在您購買了水果之後又附贈一個蘋果給你時，會比商品打折更令人感到高興。

高級服飾店的紳士服販賣部中，最近似乎也無法只依靠降價拍賣來招攬顧客。據說購買一套西裝附贈一條西裝褲的優待，反而獲得消費者的好評。

有一家休閒飯店就是確實地掌握顧客的消費心理而使業績蒸蒸日上。

這家飯店的消費比其他飯店的消費偏高。但是，房間設備或餐點和其他飯店卻大同小異。不過，住宿的顧客非但對費用沒有不滿，反而感到心滿意足。因為，這家飯店當顧客要結帳時，總經理會親自把準備好的禮物送給顧客。以顧客的心理而言住宿費用乃是支付在住宿期間的消費。因此，當獲得這「多餘的」禮物時會有賺到了的感覺，對該飯店的印象也越來越好。這也可說是極為巧妙的「欺騙的心理戰術」。

77 為了隱藏更大的缺點而標榜小的缺點

當對方為廉售的商品一再地標榜「倒店品」「展示品」等理由時，多半是有意出售一些粗劣品。

誠如所謂「便宜無好貨」一般過於廉價的商品總有某些缺陷。各位從經驗中必可明白，如果只因為便宜而盲目的購買商品，結果損失的還是自己。但是，如果商品是基於品質好壞之外的理由而廉價出售時，卻會使人們爭相搶購。

譬如，以「倒店品」的名目所舉行的拍賣活動。雖然商品的價格便宜卻無法因而證明商品的品質必定不良。相反地，人們很容易以為是因為廠商倒閉，而不得不把品質優良的商品廉價賣出。當然，倒店品和品質的良否並無關係，至少公司倒閉的理由比起價格便宜較能使消費者的購買動機添加合理性。

所以，也有人因此而購買了品質極為粗劣的商品。

因為，人對於自己的行動總會尋求可以信服的理由，甚至只要找到足以信服的理由也會斷然採取極不合理的行動。這一點只要我們從走在馬路上被警官叫住而莫名奇妙地停止腳步的事實就可明白。雖然這似乎是理所當然的，但是，當陌生人呼叫時我們可以視若無睹，被警官呼叫卻會停止腳步，乃是因我們找到可以使自己信服的理由，那就是「警官之所以叫住通行者乃是他們的職務之一」。

倒店品的拍賣銷售如果其中所拍賣的並非倒店品，而是一般的粗劣品，就構成詐欺的罪嫌，但是，對於找到足以購買的理由的人而言，這已經不是問題了。

也有下面的例子。某糕點廠商把同樣的商品分別讓電腦試吃。其中一個電腦附帶有這是經過多麼高度的技術所製造而成的商品的說明，另一個電腦則沒有任何的說明。結果，受驗者的多數都回答有附帶說明的糕點較好吃。一般人只要事先被賦予商品是美味可口的理由，連感覺也會因而混亂。

日本稍早的暢銷商品中有一個去除商標名的「無印良品」。誠如該宣傳文句上所標榜的「便宜得有理由」一樣，商品中印刷著「包裝簡略化」「雖然使用零碎的部份，品質卻沒有改變」等理由。這也許可以說是掌握住在合理化、使自己信服的條件下，而購買商品的賢明消費者的心理的販賣戰略。

78 改變單位來談同樣的事情以混亂對方的負擔感

當對方以「七十五分」取代「一小時十五分」的說詞時，多半是為了要緩和你的心理負擔使你容易接納。

「直達電車離東京站只花七十五分」——在日本經常可以看見這類不動產廣告。如果這個宣傳文句改成「離東京車站一小時十五分」情形又如何呢？您是否會覺得非常遙遠呢？因為，人具有對「分」單位感到距離短、「時」單位感到距離長的心理。這個不動產廣告所運用的，無非是刻意改變時間單位使觀看者的時間感覺混亂的心理技巧。而且，在加上「直達」「只有」等代表簡捷的強調語句時，「七十五」更顯出效果。

我個人將這類數字的技巧稱為「心理上的除法」或「心理上的乘法」。這是對於同數量的事物改變單位或給予分割、綜合，令對方誤會負擔減輕的心理作戰。

在我們周遭的生活中也經常可見這類伎倆。譬如，在水果攤上常會出現「一堆五百圓」的橘子或蘋果，雖然其中大小不一或摻雜有受損的水果，卻仍然大為暢銷。這也是因為顧客們的心裡具有整堆一起買比一個一百圓，或一百公克兩百圓的零售較划算的感覺。換言之，顧客的心裡已經產生了心理上的乘法效果。

最近日本可以說是空前的信用卡風潮。這也可以說是消費者承受了巧妙地利用「心理上的除法」的商業風氣吧。譬如，手頭上並沒有太大的寬裕購買十五萬日圓錄影機的人，一旦被商家遊說：「錄影機每個月只要支付兩千圓」時，就很容易產生「以自己的經濟能力也能購買」的念頭。這就是心理上的除法效果所造成。

有許多主婦因為負擔減輕而在衝動之下任意購買，結果被迫陷入信用卡倒帳的地步，因此，對於這類矇騙的心理術應特別注意。

同樣地，日本丈夫族的零用錢因為數稀少而有「百圓丈夫」的流行語，每天領一千圓、兩千圓的零用錢總令人覺得寒酸的可憐。相反地每個月一次領四、五萬圓的零用錢，做丈夫的也會感到神氣多了。

即使一個月總共的零用錢是同樣的金額，每日支付會令人覺得零用錢稀少，而以一個月支付則令人產生充裕的感覺，這一點實在是神奇。如果能善用心理上的乘法技巧，即使為數不多的零用錢也能使丈夫勉強接受了。

請注意這種伎倆

當對方承認自己的過失說「是我不對」時，雖然自己並無不是，也會表示讓步。

當服務生問及是要哈蜜瓜或果子凍時，往往忘了自己已經吃飽。

■以為自己的辯解獲得認可時

當渴望遊樂的要求獲得認可時，反而會感到不安而在家裡用功讀書。

當對方說「我聽你的發言而想到……」時，即使對方陳述了反對意見也會減少排斥感。

79 為了達到五個要求，首先提示十個要求

當對方首先提出不可能答應的條件後，再提示較低的條件時，乃是為了引你讓步。

某電腦相關的超級推銷員對交易上的討價還價極具心得。據他所言，討價還價也有初步的技巧。譬如，在出售電腦系統時一開始絕不做折扣的交易。首先在標準價格上添加維修費或工程費等，提示一個遠超過對方預料中的數目。當然，對方不可能答應。這時對方必定前來議價是否可以便宜一點。

但是，第一階段必須堅持主張。在交涉數次後，才提示「維修費減半」或「原價打八五折」等妥協點。由於一開始即提示相當嚴苛的高價，對對方而言原價打折扣會令他覺得極為划算。事實上，即使附帶這些妥協點也賺了不少，但是，即使對方同意也不立即簽約。

這時告知對方說：「那麼，就依這個金額和上司檢討看看。」再將事情緩個二、三天。暫緩時日會令對方感到不安。俟機等候對方的不安達到顛峰時，帶著彷彿勉為其難的氣氛與對方簽定契約。

據說如此一來，使自己從中賺了許多卻會讓對方感到滿足，並有下次的交易往來。

不僅是上述的例子，當一開始提示嚴苛的條件，爾後再提示妥協時，即使該妥協案的條件也非常嚴格，常會使人以為已有相當的讓步。

這乃是人的心理上的對比效果所產生的緣故，而日本人似乎不擅長運用這種對比效果的「欺騙的心理術」。即使想要求多點也會客氣地表示「一點點就行了」，事實上是在言詞上表示謙虛而期待對方的表示。

但是，歐美人的態度卻相反。他們會明確地說出自己所要求的酬勞。非但如此，甚至有多出十倍或二十倍的索求。因為，只要其中一半獲採納就謝天謝地了。

這個對比效果的欺騙心理術也應用在企業內的人事異動。譬如，主管交命令給不可能答應轉職的職員時，常見這樣的說詞：

「本來在決定人事的主管會議上是討論青森營業所的議案，我可是為你爭取到仙台支店的喔！」

即使在主管會議上的斡旋純屬謊言，但是，只要上司做這樣的說明，會令職員產生「仙台支店比青森營業所較好」的比較，因而願意到仙台去赴職。這時，如果上司再強調自己所做的努力，甚至也許受到對方的感謝。

80 佯裝理論上的正確性而拒絕對方

當對方要求繁複的手續時，多半是向你暗示拒絕的意思。

日本總選擇時一併舉行的是最高法官的國民審查。某報紙曾經刊載對這個國民審查的方式感到疑問者的投函。日本的國民審查是在寫著接受審查的法官姓名的投票用紙上，由國民在自認不值得信任的法官名字的上欄畫上×記號。

該投函指責說有人因不知道法官是好是壞而投下空白票，然而，把空白票當成信任票這一點值得懷疑。日本的國民審查的方式事實上也可以說是一種欺騙的技巧。至今從來沒有一位法官受到國民審查的除名，如果投票的方式改成「在值得信任者的上欄塡〇記號」而空白票＝不信任的方法，也許被罷免的法官將層出不窮。

人在無意識中具有對繁複的事情盡量避免觸及的心理。尤其是對於平常與最高法院的問題毫不相干的人而言，即使只是畫下〇或×記號，卻因要在平常漠不關心的事上做某個抉擇，而使心理上造成相當的負擔，因此很容易投下空白票。

諸如這般即使只是塡寫×記號，人卻會因為繁複而給予放棄。向政府機構提出某種申請時所辦的手續也許是使任何人都感到繁複、痲煩的典型吧。譬如，申報所得稅的例子，即使納稅者確實申報則能扣繳稅款，卻有許多人對於領取申報書，並詳細塡寫必要事項，再向稅務機關申報的手續到繁複而放棄當然的權利。

至於其他的制度只想到申辦手續的繁雜，不由得令人覺得公家機關只不過是佯裝給國民恩惠，事實上卻是拒絕了人民。

換言之，因為無法正面地表示拒絕，而為了掩飾這個心態才故意將接納的手續繁雜化，使對方自動地放棄吧。

公家機構既然使用國民的稅金，也許是基於絕對不可出差錯的立場而使手續繁雜，但是，向公家機構所提出的各種文件的書寫方式是否能改繁複為簡潔呢？這個疑惑絕非筆者個人的悶牢騷吧。

81 具有同樣性能的商品卻看似另一個不同商品的理由

當對方以強烈的情報刺激他人的耳目時，最好再冷靜地重估該商品的性能。

當廠商著手開發新製品時，最令他們絞盡腦汁的是，如何使自己公司的製品和其他廠商先行開發的商品群有所差別。如果在品質上或價格上有足以吸引消費者的差別，並不需要挖空心思地尋找差別化的方法，但是，如果商品與其他公司的先行商品大同小異時，落足於後的廠商必須想盡辦法以刺激消費者的購買意願。

最直接表示這種戰略的就是廣告，如果在品質上並無太大的出入往往會訴求格調上的廣告，或只利用逗趣的詼諧以增加消費者的印象。這一點只要從令人眼花撩亂的電視ＣＭ就可明白。雖然這些廣告戰略並不可一概批評是欺騙的伎倆，不過其中確實有巧妙地刺透人心奥妙處的ＣＭ。

美國有一個胃腸藥的ＣＭ。既然是藥物，消費者所追求的無非是其藥效，但是，這個胃腸藥ＣＭ的宣傳文句卻只有「請聽聽『咻』的聲音」。廣告中並沒有極力地遊說該藥品所具有的效果，只是強調藥物放進茶杯的水內時，會傳來「咻！」的聲音。這個ＣＭ卻得到廣大的迴響。

在此事先說明的是筆者並非對此胃腸藥的療效感到懷疑。只是對於「咻！」的聲音和藥物的療效並無實際的關連，卻能使消費者認為這個胃腸藥有效，感到極有興趣而已。

藥物的療效必須服用之後才能瞭解。但是，「咻」的聲音只要將藥放進水中就可以確認。人因為以自己的耳目確認了這個事實，而錯覺胃腸藥的療效也是事實。這也許就是消費者的心理吧。

其實在我們的生活周遭也有許多這種ＣＭ。啤酒倒進玻璃杯時啤酒瓶會發出「ㄆ一ㄡㄆ一ㄡ」的聲音；膽敢標榜會殘存藥臭味的胃腸藥等，諸如這般利用明顯地與其他製品的差別化，是否與該製品的品質相關仍是不解之謎，卻能夠刺激消費者的購買意願。

如果將不艮品質的商品說成完美就是欺騙世人。但是，只要製造訴求耳目的價值而避開品質艮否的問題，根本不必要採取公正法的廣告戰略。到底這是否也是「欺騙的ＣＭ術」必須委由讀者們來解答了。

82 「遲到三十分」比「遲到十分」更能獲得好印象的理由

當對方傳達比預想中更壞的情報時，極有可能是要使他人認同自己僞稱的「努力」。

當可能無法履約時，用電話向對方告知自己遲到的方式會對對方的心理上產生不同的影響。假設可能遲到二十分鐘。這時最好是簡短地說成「會遲到十分鐘」，或預留時間說「可能遲到三十分鐘」，其中那項為妥呢？

如果說「會遲到十分鐘」，也許當場可以緩和對方焦躁的情緒。但是，事實上比電話中所連絡的十分鐘來遲時，會造成二次毀約的印象，使對方更為不平。另一方面，如果說「會遲到三十分鐘」時，也許在通話中會令對方想到還有三十分鐘的等候時間而不快，然而實際上卻縮短十分鐘的誤差而趕到約會的地點，這會使對方忘卻原有的二十分鐘的遲到，而對你匆忙趕時間的努力給予極大的評價。

姑且不論是否是刻意的作為，身為醫師者似乎也使用同樣的伎倆。譬如，對於重患者的家屬說：「也許已經來不及了。」先讓他們對最壞的狀況有心理準備，接著再告訴家屬們：

「我會盡全力醫治病患。」使家屬產生期待。

如此一來如果患者痊癒會令患者及其家屬感到欣喜萬分，假設落得不幸的結果，也容易使家屬信服是「醫生曾說已來不及，到底還是晚了一步啊！」這位醫師只會讓家屬感謝或使家屬信服，卻絕不會受到責難或埋怨。

也有這樣的笑話。有一位染患輕度感冒的人找一位精通算術而無仁術的醫師診察。這位醫師稍做診斷之後並不做任何表示。當患者心焦如焚地詢問說：「怎麼樣了？是不是有那個地方不對……」時，才慢條斯理地吐露「必須做一次精密的檢查……」。事到如今只好依醫師的指示去做。照X光、血液檢查、再加上尿檢查，結果平安無事時醫師會說：「還好，幸虧沒事。」如果有什麼病狀時，醫師則改口說：「正如我所預料的一樣。」

事實上我本身也情非得已地經常使用這種伎倆。當雜誌社邀稿時，若是離期限相當緊迫，我會事先打電話給負責的總編輯說：「是否能刊在下個月號？」總編輯自然感到為難，但是，這一句話似乎已經讓他有了心理準備。

而實際上我卻是在差一點誤期的時候把原稿交給對方。當然，我並非故意拖稿，然而這個作法卻可以讓編輯大為感謝。

83 使對方消除因罪惡感所造成的壓抑而採取行動的伎倆

當對方強調在社會上認為是不良行動的正面性時，是有意給他人道義上的安心而促使其立即採取行動。

從前，美國開始出售即溶咖啡時，廠商方面以為速食咖啡的「簡單」「便利」必可獲得女性顧客的喜愛，然而販賣情況卻出乎意料地差。也許並不關乎味道的問題反而加強了「偷工減料」的印象。

咖啡以往在美國是必須先在家庭裡磨豆之後，依一定的程序泡製的飲料。只加熱開水就有一杯可口的咖啡，令人覺得過於草率。

因此，廠商們一改標榜「簡單」「便利」的正攻法的直接ＰＲ，轉換成強調有效利用所節約的時間的廣告戰略。廣告詞是「請把剩餘的時間運用在您的丈夫、孩子身上」。

這個形象改變戰術，結果消除了主婦消費者們的「一窩蜂地追求簡易」的愧疚感。

換言之，她們會認為「我之所以使用速食品，並非使自己落得輕鬆。而是因為可以把節省的時間運用在家人的身上。」當然這家廠商的咖啡的營業額每年急速上升。

任何事物都有其兩面性。如果說「具有傳統」另一方面則帶有「古舊」的意味。說是「巨大」就帶有「氣派」的正面印象，但是，相反地也具有「缺乏機能性」的負面印象。對於速食咖啡的輕便（偷工減料）只說成便利，就很難拂卻其負面印象。但是，如果從另一個角度來改變「輕便」的說服點，就變成節約時間。換言之，速食咖啡是藉由強調偷工減料的背後印象而掌握了消費者。

美國的心理學家伊・迪塔曾說：「給消費者道義上的安心感才是廣告者的最大工作。」而速食咖啡的ＰＲ作戰的轉換，可以說是成功地給消費者道義上的安心感的最佳例子。

不僅這個例子，在商品的推銷上經常利用這種心理戰術。

從前，日本的主婦對家事等的偷工減料也帶有極大的排斥感。但是，現在全自動洗衣機或掃除機已在日本各地大為普及。這可以說是完全地臣服在不理會「偷工減料」，而強調因偷工減料所產生的寬裕效用的廠商戰術下的結果。

84 使對方癡癡地等待的獎賞方法

當對方提出出人意料的報酬時，應懷疑自己是否是對方掌上的魚餌。

某女性週刊雜誌上曾經刊載一篇記事，其內容指稱若要將複數個男性操縱在股掌間，對於男方的約會要求不要立即應允，頻率是約三分之一。最近年輕女性的心思已不再單純，是我輩等望塵莫及，但是，對男方的約會要求三次中只答應一次，也許是做為吸引男性的技巧中極具效果的方法。

因為，如果每次都答應男方的約會，恐怕會使對方提早對自己感到厭倦。但是，如果每次都表示拒絕，也會讓對方知難而退，把注意力轉向其他的女性身上。所以，如果三次的約會要求中有一次獲得應允，男方就會期待著也許下次會答應自己的約會，而可能對該女性一直保持關心。

這種以若即若離的方式令男性拜倒在石榴裙下的技巧，在現實到底能欺騙男性到什麼程度倒不敢保證，不過，這的確符合學習心理學的「間歇強化」的原則。這是指「處於面對正常的反應而間歇性地獲得報酬的狀態中，人所產生的反應在該報酬完全停止之後，具有持續該反應的強烈傾向」。這一點在實驗中已獲得證實。

在這個實驗中準備了裝有一按把手，立即會跑出食餌裝置的箱子，以及偶爾會出現食餌的箱子，然後把空腹的實驗鼠放進不同的箱中。在這兩種箱子裡實驗鼠都發現跑出食餌的裝置，而一再地按壓把手，但是，如果設計成食餌一直不出現的狀態時，實驗鼠不久就會放棄按壓把手的動作。

不再有食餌出現之後，那一個箱子的實驗鼠仍然會持續按壓把手的動作呢？結果發現是偶爾才出現食餌的箱子裡的實驗鼠。放在每次都有食餌出現的箱子裡的實驗鼠，當食餌不再出現時，立即停止按壓把手的動作。

各位如果從柏青哥等遊戲的原理來思考，就不難明白偶爾獲得報酬的「間歇強化」，很容易使該行為持續長久的道理了。柏青哥也是因為彈珠偶爾落入標的才能獲得報酬，使人執迷於其中而無法半途而廢。

前述女性週刊雜誌上所刊載的那則記事，是否真的可以做為欺騙男性的技巧，在此不置可否，不過，我卻認為這個原則可以盡量活用在教育孩子的問題上。換言之，教導或管教孩子某些行為時給予「獎賞」雖然具有效果，但是，偶爾給予獎賞的效果更大。

85 利用「過剩反應」使人對其不滿感到不足為奇

當對方對你的抗議或不滿表現出預想之外的誇大反應時，乃是企圖相對地使你的說詞顯得微不足道。

有一次，我替某雜誌寫稿，負責人前來拿稿時發生了一件出乎意料之外的事。由於我的稿件正好趕上截止日，那位負責人欣喜萬分地校閱原稿，然而途中卻突然變得一臉鐵青。他說怎麼稿紙的數量只有一半？難道是我們沒有清楚地說四百字的稿紙寫幾張嗎？

我告訴對方我確實聽到是用兩百字稿紙寫多少張時，負責人表現出令人看得可憐的狼狽樣，拜託我借他電話。他揮汗如雨地和雜誌社的總編輯通話之後，這麼說：

「這完全是我個人的過失，真對不起。我被編輯罵得焦頭爛額。他告訴我說稿件的張數等於是和執筆者之間的重要『契約條件』依賴著，事到如今那有什麼道理說不對呢？總編輯說現在要全面地變更雜誌的版面，先向前輩您好好地致謝，拿到原稿後向前輩您表示個人的疏忽所造成的騷動的歉意後立即回去。真的很對不起。不，謝謝您。」

說完之後慌慌張張地就要回去，我忍不住告訴他說：「不，這麼做可要大費周章了。沒關係，我正覺得好像寫得太少了，我立刻再增加一些篇幅。」

但是，負責人拒絕說：

「如果還如此癡心妄想，只會讓總編輯罵個痛快。」人已經走到門口。因此，我接著又說：「那麼，為了慎重起見你就不妨再打一次電話看看？」

負責人誠惶誠恐地打了電話之後告訴我說：「總編輯說如果能這麼做是再好不過的，他說等一下會立刻前來致歉並表示謝意。」

我明確地告訴他並不必如此客套，並且立即把預定的外出延後，趕忙重新寫稿。雖然事實上我覺得好像稿件的內容稍嫌不足，但是，結果卻不得不把整篇文章改寫。這麼繁複的工作我竟然輕而易舉地答應下來，無非是受到對方的誠意與熱忱所感動，但是，另一方面卻也令我有點覺得是被對方的「過剩反應」所欺騙了。

據說在各企業的處理申訴、理賠的教育指南中，也有利用使對方的不滿相對地變小的方法，其中所舉的作法就和這種「過剩反應」類似。

容易受騙上當的是⑥　爛好人

在所謂情報化社會的現代，詐欺事件似乎有與日俱增的趨勢。我認為也許除了社會結構變得複雜，人們的倫理觀薄弱之外，獨生子漸增也是其原因之一吧。

長男、長女或獨生子等從小在父母的百般呵護下而成長的人，會變成所謂的「紳士淑女型」「爛好人型」，最不擅長以存疑的眼光面對人。相反地，從小被兄、姊欺壓長大的次男、次女或生長在手足衆多的大家庭的人，常見所謂的「狡獪型」「好強鬥勝型」，這類人天生具有不吃虧上當的頑強素質。

世間的騙子毫無例外都是利用人脆弱的感情而乘虛得利。而最容易被感情所誘的是長男、長女、獨生子中常見的「爛好人型」。

這種人多半被騙上當之後仍一無所覺，甚至慶幸自己不是騙子的誘餌。同時，「爛好人型」的人可能認為設計欺騙自己的人也許有其不得已的苦衷而寄予同情。正因為如此才變成最容易上當受騙的寃大頭。

這種類型的人是否應該謹記：「不要讓別人做出騙人的勾當也是一種善舉」呢？

大展出版社有限公司	圖書目錄

地址：台北市北投區11204
致遠一路二段12巷1號
郵撥： 0166955～1
電話：（02）8236031
8236033
傳眞：（02）8272069

・法律專欄連載・電腦編號58

台大法學院 法律學系／策劃
法律服務社／編著

①別讓您的權利睡著了[1]	180元
②別讓您的權利睡著了[2]	180元

・婦幼天地・電腦編號16

①八萬人減肥成果	黃靜香譯	150元
②三分鐘減肥體操	楊鴻儒譯	130元
③窈窕淑女美髮秘訣	柯素娥譯	130元
④使妳更迷人	成　玉譯	130元
⑤女性的更年期	官舒姸編譯	130元
⑥胎內育兒法	李玉瓊編譯	120元
⑦愛與學習	蕭京凌編譯	120元
⑧初次懷孕與生產	婦幼天地編譯組	180元
⑨初次育兒12個月	婦幼天地編譯組	180元
⑩斷乳食與幼兒食	婦幼天地編譯組	180元
⑪培養幼兒能力與性向	婦幼天地編譯組	180元
⑫培養幼兒創造力的玩具與遊戲	婦幼天地編譯組	180元
⑬幼兒的症狀與疾病	婦幼天地編譯組	180元
⑭腿部苗條健美法	婦幼天地編譯組	150元
⑮女性腰痛別忽視	婦幼天地編譯組	130元
⑯舒展身心體操術	李玉瓊編譯	130元
⑰三分鐘臉部體操	趙薇妮著	120元
⑱生動的笑容表情術	趙薇妮著	120元
⑲心曠神怡減肥法	川津祐介著	130元
⑳內衣使妳更美麗	陳玄茹譯	130元

・青春天地・電腦編號17

①A血型與星座	柯素娥編譯	120元

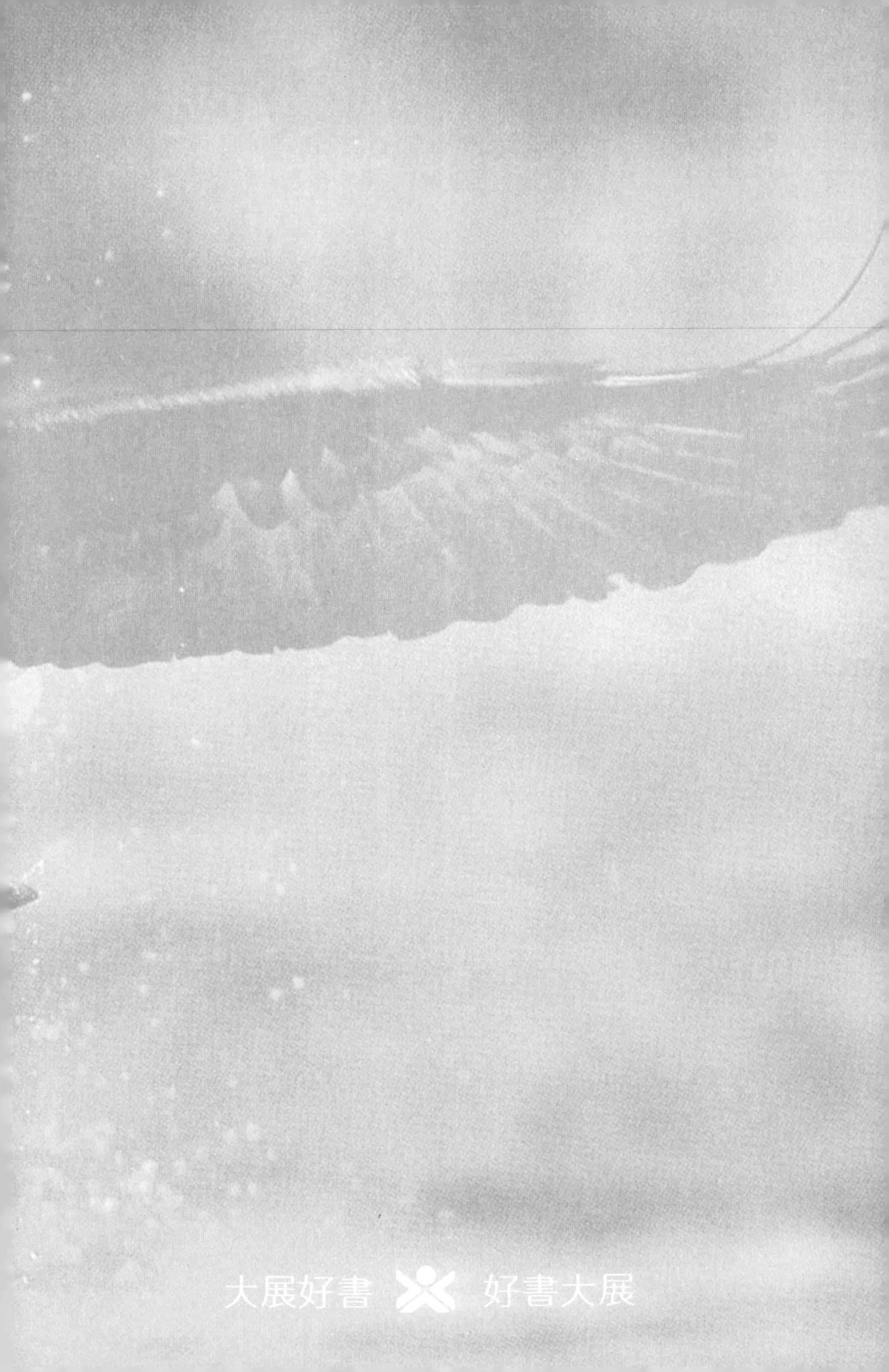
大展好書 好書大展

國立中央圖書館出版品預行編目資料

拆穿欺騙伎倆／多湖輝著；李玉瓊譯 --初版
--臺北市：大展，民82
面；　公分 --（實用心理學講座；1）
譯自：こんな手口にご用心
ISBN 957-557-411-7（平裝）

1. 應用心理學

177　　82008846

本書原書名：こんな手口にご用心
著　　者：多湖　輝
發 行 所：株式會社ごま書房
版權代理／宏儒企業有限公司

拆穿欺騙伎倆

ISBN 957-557-411-7

原 著 者／多 湖　輝
編 譯 者／李　玉　瓊
發 行 人／蔡　森　明
出 版 者／大展出版社有限公司
社　　址／台北市北投區（石牌）
致遠一路二段12巷1號
電　　話／（02）8236031・8236033
傳　　眞／（02）8272069
郵政劃撥／0166955－1
登 記 證／局版臺業字第2171號

法律顧問／劉　鈞　男　律師
承 印 者／高星企業有限公司
電　　話／（02）3012514
排 版 者／千賓電腦打字有限公司
電　　話／（02）8836052
初　　版／1993年（民82年）12月
定　　價／140元

②B血型與星座	柯素娥編譯	120元
③O血型與星座	柯素娥編譯	120元
④AB血型與星座	柯素娥編譯	120元
⑤青春期性教室	呂貴嵐編譯	130元
⑥事半功倍讀書法	王毅希編譯	130元
⑦難解數學破題	宋釗宜編譯	130元
⑧速算解題技巧	宋釗宜編譯	130元
⑨小論文寫作秘訣	林顯茂編譯	120元
⑩視力恢復！超速讀術	江錦雲譯	130元
⑪中學生野外遊戲	熊谷康編著	120元
⑫恐怖極短篇	柯素娥編譯	130元
⑬恐怖夜話	小毛驢編譯	130元
⑭恐怖幽默短篇	小毛驢編譯	120元
⑮黑色幽默短篇	小毛驢編譯	120元
⑯靈異怪談	小毛驢編譯	130元
⑰錯覺遊戲	小毛驢編譯	130元
⑱整人遊戲	小毛驢編譯	120元
⑲有趣的超常識	柯素娥編譯	130元
⑳哦！原來如此	林慶旺編譯	130元
㉑趣味競賽100種	劉名揚編譯	120元
㉒數學謎題入門	宋釗宜編譯	150元
㉓數學謎題解析	宋釗宜編譯	150元
㉔透視男女心理	林慶旺編譯	120元
㉕少女情懷的自白	李桂蘭編譯	120元
㉖由兄弟姊妹看命運	李玉瓊編譯	130元
㉗趣味的科學魔術	林慶旺編譯	150元
㉘趣味的心理實驗室	李燕玲編譯	150元
㉙愛與性心理測驗	小毛驢編譯	130元
㉚刑案推理解謎	小毛驢編譯	130元
㉛偵探常識推理	小毛驢編繹	130元

•健康天地•電腦編號18

①壓力的預防與治療	柯素娥編譯	130元
②超科學氣的魔力	柯素娥編譯	130元
③尿療法治病的神奇	中尾良一著	130元
④鐵證如山的尿療法奇蹟	廖玉山譯	120元
⑤一日斷食健康法	葉慈容編譯	120元
⑥胃部強健法	陳炳崑譯	120元
⑦癌症早期檢查法	廖松濤譯	130元

大展好書 好書大展